U0931822

行

在

地
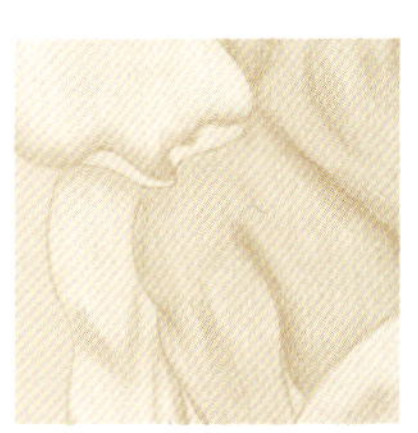

圖／文：艾阮

上

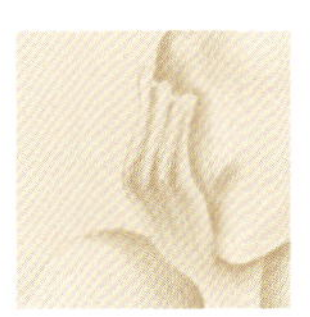

基道出版社

▼

行在地上

Walk On Earth

作者

艾阮

責任編輯

羅慧琪

裝幀設計

郭曉勤

■

出版/發行

基道出版社

香港沙田火炭坳背灣街26號富騰工業中心1011室

LOGOS PUBLISHERS

Unit 1011, Fo Tan Ind. Centre, 26 Au Pui Wan St., Shatin, Hong Kong

電話：(852) 2687-0331　傳真：(852) 2687-0281

網址：http://www.logos.com.hk

承印

香港高科技有限公司

●

7/2011 初版

Cat. No. LP835

ISBN: 978-962-457-425-8

刷次	10	9	8	7	6	5	4	3	2	1
年份	2020	2019	2018	2017	2016	2015	2014	2013	2012	2011

謹以此書獻給我的天父

目錄

（一）舊約

（二）新約

序/黃嘉樑

對艾阮的認識，始於她在中國神學研究院修讀基督教研究碩士課程之時，她曾修讀及旁聽我所教授的一些舊約聖經科目。不過，對她更深的認識倒是在她畢業之後，有機會進一步了解她對藝術、文學和音樂的熱愛。而《行在地上》就正好反映她在藝術和文學這兩方面的素養，並同時結合了她所受的神學訓練。

本書載有三十九位出現在基督教聖經中的人物，舊約佔二十一位，新約十八位。有趣的是，人物的編排次序與他們出現在聖經中的次序並不相同。舊約篇以亞當開始，以法老作結。為人所熟悉的摩西及亞伯拉罕則分別於第20篇和16篇。舊約篇更錄有較為少人認識或關注的瑪土撒拉和以利。這令讀者不禁問道：「為何？」新約篇中讀者多會預期作者首先談及「耶穌」，但「耶穌」卻列於末篇，而作為開始的竟是「生來瞎眼的人」。這個編排與讀者期望有別，而正是這個分別令讀者帶著好奇開始他們的閱讀旅程，看看作者究竟想表達甚麼。

本書的特別之處在於當作者重讀這三十九位人物的生平後，她嘗試將這些人物的內心世界展現在讀者眼前，艾阮把他們生命的掙扎、對人對事的看法，以及與神的對話呈現出來，以致他們能夠有血有肉地重現在讀者眼前。他們並不只是歷史人物，與我們無關。反而，他們的經歷也是我們的經歷，他們的心理狀況也是我們的心理狀況。閱讀他們的自白和他們與其他人的對話，讓我們可以對自身的景況作出反省，也給予我們講出內心感受的語言。

很高興能夠看到這類結合神學、文學和藝術的作品出現。願神繼續賜福艾阮，讓她有更多這方面的創作。

黃嘉樑

2011 年 3 月

黃嘉樑，現任中國神學研究院
陳朱素華教席教授（聖經科）。

自序

這些文字創作於2001年，當時的我離開了自己熟悉的人和事，到紐約作客半年，從事文學研究；就在那些日子，我嘗試在閱讀聖經人物時加入了文學想像、現代心理分析，並小説的元素，漫無目的地寫成了這堆文字。十年了，拿出來讀，決定親自為每個人物畫像留念，並以「今日的我」的身分，再加寫一小段反省文字出版。

聖經雖被大部分人定性為宗教書籍，卻像希臘神話般成為文學經典，裏面一個個人物，無論是帝王將相，又或無名婦女，甚至是自稱為神子的耶穌，他們都曾是行在地上的凡人，他們皆有血有肉，有作為凡人的我們的影子。經歷了不同世代的聖經讀者或學者的「注視」後，這些人物對現代人能有甚麼新意和意義？我不知道！也許是十年前研究張愛玲與魯迅時的一點啟示吧！張愛玲對凡事的網開一面，魯迅拿刀解剖自己的勇氣，給了我很多閱讀上的啟發。我想，經典經得起時間的考驗，正因為它們裏面盛載了我們心靈裏的一點呼喚和吶喊，而每次我們進入其中，便又把那些古人喚醒過來；與古人共舞的奇異之旅吸引我們不厭其煩地重讀與重訪它們。這些聖經裏的古人的陰魂，從來沒有離開過我們。我們與他們雖是陰陽相隔，但我們心靈的距離卻是咫尺之間。重訪故人，與他們對話，就好像看到鏡中的自己，又愛又恨，而就是這種又愛又恨的感覺，使我們愛上了文學、電影、繪畫、音樂、舞蹈，和各種各樣可讀的文本。

此書載有三十九個人物，每個人物一篇（只有一對夫婦例外）。行文的方式有點像多聲道，既有古人開口說話，又有聖經作者所提供的線索，小量內容更借用典外文獻，加上說書人的解說與評論，構成不同聲道。此外，每篇篇末加了一小段反省文字「古今共舞」，是十年後的今日寫的，也專為現代人而寫，意圖也許是不甘於只在台下看戲；若不再分台上與台下，戲台就是「地景」，那麼古與今人就有可能在同一戲台相遇，甚至同台演出。每個人物的文字文本後均有插圖，也是一種新的實驗，它有別於過往可有可無的插圖，成為與文字互相對話的另一個文本。若文字能刻劃一個人物的心理狀況，那麼插圖中一個個如雕像般的人物，他們的姿勢和呈現於紙上的視覺語言，也正在企圖發聲加入，與文字互相撞擊，在文字的「聲道」中重構古人的身影，而這身影會不會也是今日的我們的身影？我期望這種文字與圖像互相對照和折射的實驗，能產生特別的心理效果，使讀者進入一種嶄新的閱讀經驗。如今整個文壇的發展，都被鋪天蓋地的圖像世界影響；單純的文字，未必能全天候全時間承載城市人那種複雜的感情和心境，因此，我們值得去探索和嘗試各種不同的閱讀經驗，開發我們作為讀者的閱讀潛能。期望在閱讀的過程中，讀者也能在不同的場景和聲道中看見自己的身影，聽到自己的吶喊，參與演出，豐富這小書的色彩和領域。

艾阮

序於沙田家中

2011 年 3 月 31 日

(一)舊約

1 亞當

當地上各活物逐一出現在我的眼前時，我就隨意給牠們命名。虎、豹、熊、鹿、馬、牛、羊、狗、魚，魚又有鯨魚、鱷魚、鯊魚…… 已記不起這漫長的命名期維持了多久，那也不重要了，只記得自己實在太累，不知怎的就沉沉地睡著。等我再打開眼睛時，眼前那等著我命名的新活物，卻是我所見過最動人的，我的靈魂一下子像出竅一般發散，只覺眼睛周圍脹熱，人也開始冒汗。面對著這活物，命名已不能令我滿足，我多麼想與牠一起生活，擁有牠，照顧牠，使牠快樂，我就給牠起名叫「女人」。

亞當想起初次邂逅夏娃時幸福的感覺，她美麗的身體和晶瑩皎潔的眼波。他努力去玩味這一切，以消滅佔據著他的憤恨。然而，美好幻影的閃回僅止於此。柔軟的質感、流動的弧線、雪白的膚色在一霎間變化了。如果「一念」表達了心態轉換之速度，那麼在一念的目光裏，「眼睛就明亮了」；在眼睛明亮了之前，一切都是純淨的、自然的、和諧的，「赤身露體」的「赤」和「露」只表達一種固有的自然狀況。然而在一念的目光裏，漂亮的胴體變質了，「赤身露體」的意義扭轉了，「赤」和「露」變成不自然的現實狀況，本應「藏」和「隱」的事物羞慚地「露」了出來，須要人為地掩藏它，非自然地控制它。

亞當怎樣思想也不能明白過來，為何一念之前還是美好的胴體，在一霎後竟會變得醜陋和羞恥，不堪入目，以致他要徬徨地張羅樹葉來遮羞。他有點怨恨那連累他的人，她的胴體他一度如此迷戀和鍾愛。這胴體的主人，稱為女人的，就這樣毀了他原本享有的幸福。他開始質疑這源自神的所謂禮物。如果神所賜下的一切都美好，為何女人成了負累，把罪帶來？

> 你所賜給我，與我同居的女人，他把那樹上的果子給我，我就吃了。[1]

任何事情出錯，總得找個人來負責或頂罪。亞當自然深信自己是無辜的，而那一刻，把責任推在女人身上，為的是挽回自己的性命和名聲；在危難之時，亞當突然忘記了「女人」源於他的一根肋骨，堅決要與其肋骨劃清界線。所以，「你所賜給我……的女人」一語，正反映出亞當故作無知的狡猾；他吃了禁果，錯在女人誘惑了他，也可能錯在神把女人賜了給他。

世人一直追究「原罪」，還不是千方百計要找出誰是第一宗罪的始作俑者，極力與之劃清界線，以圖証明自己的清白和冤屈？

古今共舞

一個窮家孩子，父母連玩具都沒法買給他，他就只有專心讀書。直至他擁有了第一部遊戲機，他的整個心思就是打機，書也不願讀了。這是誰的錯？送禮物的原意是好的，卻招來這麼多的禍患。今天，我們不斷發現豐富的物質生活背後的代價，然而我們不能停下來，也無法返回簡樸，為甚麼？追究「原罪」猶如香港今日的官員問責制，須有人出來頂罪。但我們忘了自己血液裏流著承自亞當的無窮的慾望，那麼，亞當就不是元兇，而是原型。

亞當

在危難之時，亞當突然忘記了「女人」源於他的一根肋骨，堅決要與其肋骨劃清界線。

2 雅各

那次與神交手後，我的命運全然改變。我不再叫雅各，從今以後，我的名字叫以色列。

誰說勉強沒有幸福？雅各就是個積極進取，甚至傾盡全力去改變命運的人。但神是人可以與祂較量的麼？正因如此，雅各經歷更多的愁苦，但不能否認，他確扭轉了自己的一生，爭取到額外的祝福。

人生有些事情似乎是上天註定的，例如我並非我父母的長子，在我們祖先的傳統中，這就表示次一等的地位。我哥哥以掃是個粗人，只愛打獵，甚麼也不管，人也不十分聰明，又不好好計劃未來，一味玩和吃。這種貨色就白白承受了父親產業中最豐厚的一份，又得到最大的祝福。這就是命運麼？每想到這些，我的心就忐忑不安，我真的無可奈何地接受這一切嗎？我能不做點事情嗎？就那麼的神差鬼使，我那個愚蠢的哥哥竟肯為了一碗紅豆湯把自己的長子名分賣了給我。還記得那天他喝著紅豆湯的時候，湯流了一臉一身，他其實只喝了半碗；而就為了這半碗湯他毀了自己。我是有點同情他的，但一想到自己，就覺得更值得同情了。

至於父親臨終前發生的事，那是母親一手策劃的，她硬要我假扮哥哥。「若我父把我認出來，給我說一通咒詛的話，我豈非徒勞無功，自招咒詛？」但母親強逼著我，更願承受一切可能招致的咒詛，我還可以推辭麼？畢竟，她是愛我的，怎似得那個只愛吃野味的老頭，心裏只有哥哥？我就這樣身不由己被命運推著往前衝。

命運是殘酷的，後來被親生哥哥追殺的滋味又能向誰傾訴呢？何況是自己使計在先，人家會可憐你麼？

我喜歡的我得不到，我討厭的卻總隨著我；明明喜歡拉結，舅父拉班卻把姊姊利亞給我。洞房的那夜，是我人生中最快樂的一刻，但這「最快樂」的感受在翌晨竟速速變成「最嘔心」的回憶。睡在懷中的竟不是我夢寐以求的拉結，那種「恐怖」也許永遠也不能洗抹掉。

為了拉結，我給那個可恨的拉班做了七

年苦工(其實應該是十四年)，但這又如何？我甚麼也沒有了，又回不得父家，有了拉結，我的生活才有意義，這一切苦也就算不得甚麼。

恐怖的事在雅各一生中從沒有停止過；那次歸回故土見哥哥的經歷，雅各恐懼不已，這與他振振有詞地斥責舅父的表現有很大分別。當然嘛！有理的一方永遠是義正詞嚴的，所謂強或弱，往往只是一種心境罷了。既然理虧的良心使他無片刻安寧，他的恐懼又如何藉神而消解？雅各不怕神，卻怕哥哥以掃，他寧願與神一戰，為自己那不堪的宿命締造奇蹟。那一晚，家人僕婢全都過了雅博渡口，那是個獨自面對恐懼的晚上，雅各唯一的指望只在神。他拚了他的命，與神人摔跤至天明，神人只用了世人的方式來與他交手，見他發狂地攻擊，只為討點力量來面對哥哥，心裏就動了慈悲，給他祝福，並賜他新的名字。新的名字代表新的命運，雅各終於得到他想要的。

摩西才一瞥神的背影，雅各卻能面對面見神，且與祂交手，並勝了祂，這是神的慈愛，也是祂的奇妙之處。誰能再託辭宿命而自怨自艾？神要人順服祂，卻也要求人去開創自己的生活，與祂合作，以致人能游走於神主權下那廣闊的天空，甚至與祂面對面，一睹祂的風采。人一朝得見這風采，就像靈魂開竅一般，雅各如是，約伯如是，保羅如是，但這風采也非人人可見，那得看各人的命了。

古今共舞

現代社會充滿雅各這類人，積極進取、未雨綢繆、「凡事睇高一線」。這種投資高手，理應撈上一筆，至少也是現代股壇勇將，得到不少物質回報。但世代雖變，人心不變，騙人者自然被人防、被人騙，慌張度日。雅各是個「世界仔」，數口精密；當大難臨頭，他選擇了最強的後盾，其肉搏天使的信心，討得神歡心和憐愛。但多少現代信徒投資高手，能像雅各般聰明，在危難時肯放手，不憑自己實力控制大局，卻單與神討價還價，爭取幸福？

雅各

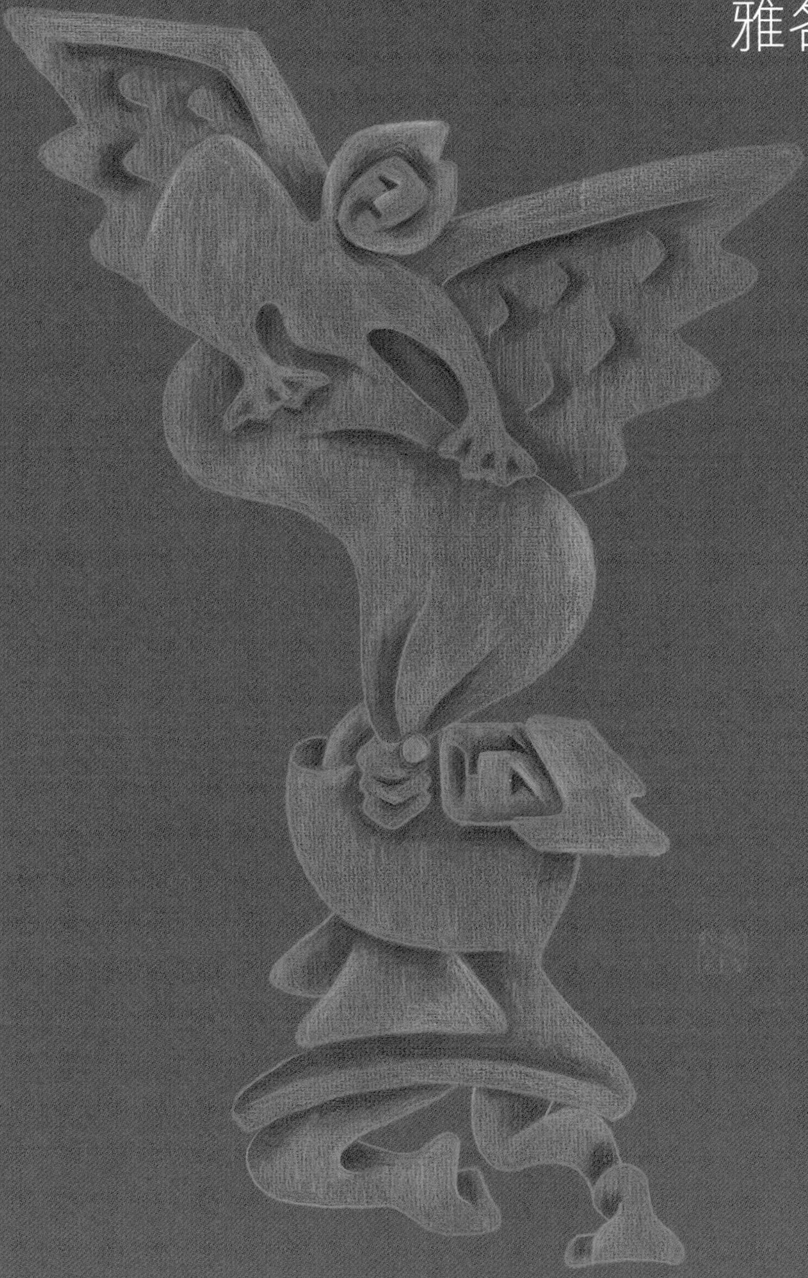

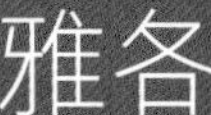

雅各不怕神，卻怕哥哥以掃，他寧願與神一戰，為
自己那不堪的宿命締造奇蹟。

3
拉結

那時候，一個女人的名聲和價值，全在於她能否為丈夫生育兒女。一直沒有孩子的我，忍受著長期的屈辱，美貌又與我何干？沒有兒子，我還算是個女人麼？說句實話，我寧棄美貌，只願嘗點姊姊的大榮耀。

姊姊啊姊姊，你真是走運，姿色平庸，卻總能事事稱心；全心愛我的男人你竟先嘗，還不斷生育，使我一生都只能在你榮輝的陰影中度日。神啊神，為何世事往往如此不平？祢看姊姊那種得意的神情，就知道我沒有一刻是舒坦的，我的心苦澀難熬，雅各卻不以為然，他們都不理會我的感受，像甚麼也沒有發生似的。

拉結是再也按捺不住了。自從雅各生她的氣，說使她不生育的是神，他不能作主後，拉結便決意自行作主反擊，不再讓姊姊獨得榮耀。婢女辟拉總算為主母爭一口氣，生了但和拿弗他利後，拉結有了與姊姊較量的勇氣。所以當姊姊也隨即仿效，要雅各把婢女立為妾士時，拉結的委屈情緒才得以紓緩。但說到底，要婢女代自己生子，那恥辱又怎能消解？拉結悲傷不已，日夜禱告哀求，神最終也顧念她，讓她懷孕。她在生下約瑟時，總算除去過去多年來的羞恥，而姊姊意氣風發的態度也才收斂起來。

姊姊啊！我是個苦命的女人，還未看清第二個兒子的面，便比你先走一步。我的一生，去日苦多，羞慚的日子佔了我生命中的大部分，當我以為我的好運正要開始時，死神卻嘶喝著，催趕著。神啊！我真是捨不得……

古今共舞

拉結若生在今天，或許就不會那麼難受。昔日，生孩子的能力成了一個女人的價值所在。今天，女人的角色是甚麼？現代女性並沒有真正脫去傳統給她的枷鎖，「嫁個有錢人」、「嚫模」、「事業女性」等用字只是提醒我們，今天的女性仍不能擺脫很多不必要的框框，做回自己。

4 利亞

妹妹，你奪了我的丈夫，還算小事麼？

一個為丈夫生了六子一女的女人，卻得不到丈夫的愛，這是一種人生的遺憾，無法控制的悲劇，但神畢竟是慈悲的。

利亞自知相貌平庸，及不上自幼便活潑可愛的妹妹，所以性情很早便顯得內向和自卑，心裏總不免問一些問題：為何那麼多人疼愛妹妹，而我卻得不到人們的歡心？為何妹妹與我同是母親所生，她長了一張漂亮的臉，我卻是那麼差勁？為何那些男子總愛看妹妹，卻沒有一個願意與我的眼神接觸？來向妹妹提親的人，父親都因我仍未出嫁，把他們拒絕了，我要等到幾時，才能遇到一個愛我的人？利亞的這些疑問是歷世歷代眾多其貌不揚者的疑問，然而又有誰能回答他們？世人都在神面前領了他在世的一「份」（physical order），這是個奧秘，作為受造物的人的智慧是無法明白的，而神也不打算揭示這奧秘。祂似乎不是要人去明白，而是要人去順服。

那一夜，是我一生中最甜蜜的回憶，我嘗到愛情，得到丈夫溫柔的撫慰，我的身與心都交給我所愛的。我真願那個晚上就此停頓下來，不再有黎明，也不再有太陽，讓星與月的餘輝鋪在床上，灑滿我一身，又讓我的情人吃盡這星這月。夜啊！不要急速離去，要守在我倆身旁，好讓我倆把愛情的純酒傾注你身，漲過你那婀娜的弧，湧流不息。

對於利亞，愛情的濃度是「飽和」，時值只有一夜，她是如此奢侈地把一生的愛情濃縮到一晚，一夜銷盡。有關這一夜以後的婚姻，她盡量不去想它，那些原本屬於「正室」的很多個春宵，都被妹妹奪去了。丈夫冷漠無情的目光，讓她明白愛情已經變成同情，她是如狗一般地吃著主人扔到桌下的碎渣兒，丟在地上的垃圾。

沒有愛情的婚姻是殘酷的，多少世代的多少女人或多或少也經歷過，這些眼淚有誰記念？她們又如何走過那段路？

神的皮袋載了利亞的眼淚，利亞不斷地生育，使雅各的家昌盛。雅各是個男人，看在這份上，對利亞似乎有了點恩情，卻總不是愛情。

妹妹，你已飽嘗婚姻的甜蜜，把原本屬我的丈夫奪去了，為何仍不罷休，仍要耍盡手段，讓自己的婢女與丈夫同房？你以為婢女所生的就真代表你的兒子？你既這樣行了，我又如何可以若無其事？只是兩個女人爭一個丈夫已經不好受，現在竟是四個女人分享一個男人，我那原本稀薄的愛情豈能受得住又一次的削割？

沒有了愛情，神可憐我這苦命的人，把兒子賜給我，叫我的丈夫不再輕看我，我的生命便有了價值。妹妹，你是我生命中的刺，你的光芒萬丈，刺痛了我的眼睛，我只能躲在你的光影中。慶幸神把我從這光影中拯救出來，我便得見天日。你卻要從此羨慕我，以我為效法的目標，這是你親嘗失寵滋味的時候，你的好日子也實在太多了。

古今共舞

女性在不經意間互相比較和爭寵，這往往源於成人世界流行評價和比較孩子的表現，例如誰比誰漂亮，誰比誰聰明等等。這套價值框架自小已深植小孩心裏，你要他們長大後能欣賞「不漂亮但善良」及「不聰明但勤勞」的人，就非常困難。最後，她們只能永遠把自己沒有的東西，拿來與別人比較，自己成了一個有缺憾的人。剩下的，不是嫉妒，就是自憐。

利亞與拉結

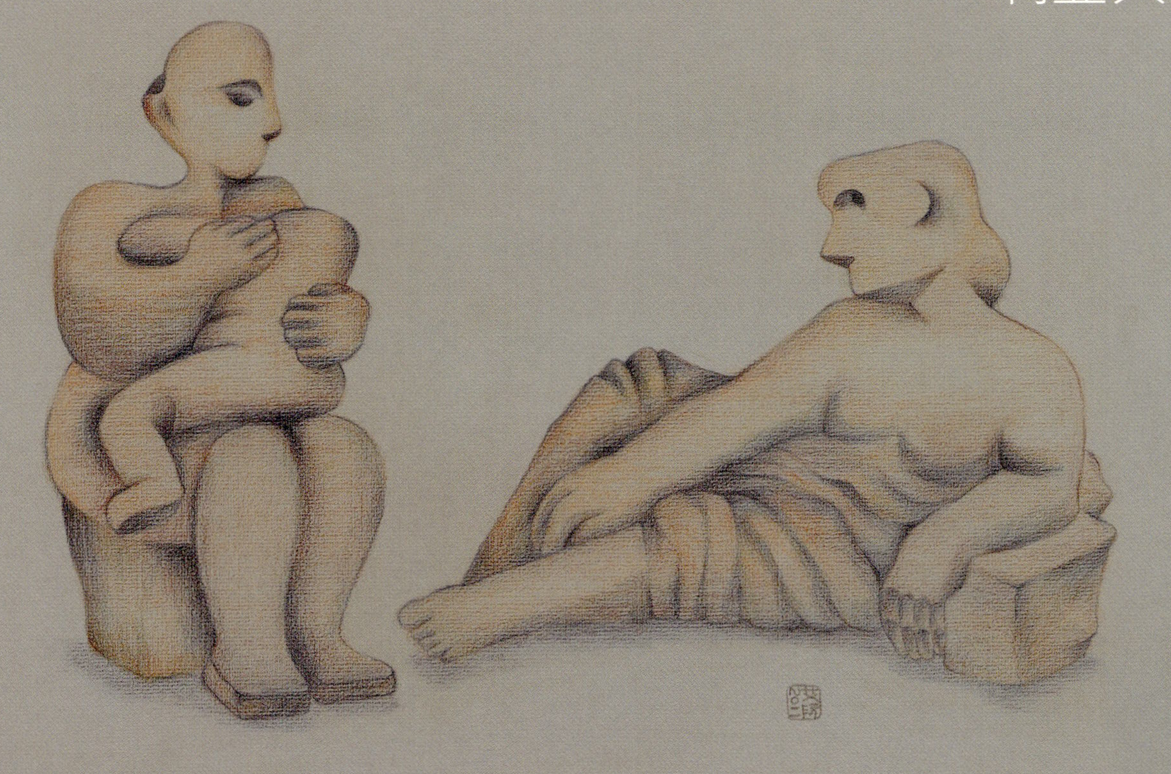

拉結若生在今天，或許就不會那麼難受。

5 以利

一個敬虔者的典範，為何竟招來神沉苛的咒詛？這就怪他沒有珍惜當典範的尊榮，馬虎過活。

> 你以為當典範是尊榮麼？我若有尊榮，我的兒子就不致桀驁難馴，藐視父親了。神給了我祭司的尊榮，卻沒有賜我當父親的權威，當兩個兒子長大成為祭司後，我就更沒有份量了。這都怪他們自幼被我寵壞，被他們的母親，被全世界的人寵壞。人都因為我而格外尊重他們，遷就他們，滿足他們每一個慾望與要求，以致他們專橫跋扈，把一個個獻祭的人嚇走，使人都變得討厭獻祭，討厭神，這豈是小事？他們更與會幕門前伺候的女人苟合，這都已經人盡皆知，我也勸過他們，他們哪裏肯聽？

神定意要殺以利的兩個兒子，祂在出手前來見以利，痛斥其非，甚至預言必使他家中的人過不到中年，又聲言要以利的兩個兒子同一日喪命。

為何……尊重你的兒子過於尊重我？……因為尊重我的，我必重看他；藐視我的，他必被輕視。[1]

按神一向的性情，估計以利若然痛思己過，甚至自行操刀殺子，又或至少停止他們的祭司職務，以行為証明自己悔改的決心，神也許會改變心意，留有餘地。神安排神人來見以利，也就是給他最後通牒和最後機會，但以利真的老了，他的「老」不在肉身，乃在裏面的肉心。肉心已變成一個對罪對恩典毫無知覺的石心，所謂「老餅」，也就是這個意思。

神最終藉一個童子向以利宣告祂的咒詛，並重申這咒詛是以利「自招」的，因為他知道兒子作孽，卻不禁止他們。兒子不肖，作父親的難辭其咎，神清楚指出其「養不教」之罪，以利卻仍可以毫無知覺。

這是出於耶和華，願他憑自己的意旨而行。[2]

其實這就等於說：「既然神要這樣行，那就隨祂的便吧！」

不知己過，尚且可以怪他無知，人若知己過而不悔改，也就只能有兩個原因：一、對神不滿；二、無恥。從以利對神一連串通牒的反應和態度估計，似乎是後者。他已到達垂暮之年，做祭司也做累了，一切變得重複和單

調，沒有新意，沒有耶和華的啟示，沒有屬靈的氛圍，一切只是維持現狀。熬過了這些年月，便可功成身退，功德圓滿，自己只想快點走完這一程，下一代的事就讓他們自己處理吧！

哪知神容不下停滯的死水，水你不攪動它，就是死的，這與從神而來如活水一般湧流的生命是不相符的。以利以為可以得過且過，怎料功虧一簣，不但不能有子送終，更禍及後代和整個宗族的命運。

救救孩子……[3]

古今共舞

豐富的物質生活讓我們的社會充滿了很多養而不教的孩子，我們這一代，不再有體罰（卻有不少虐兒新聞），不再見有禮貌的孩子（全被歸類為有性格）。我們這一代，多了很多自殺的孩子，吸毒的孩子。難道都是他們的錯？

以利

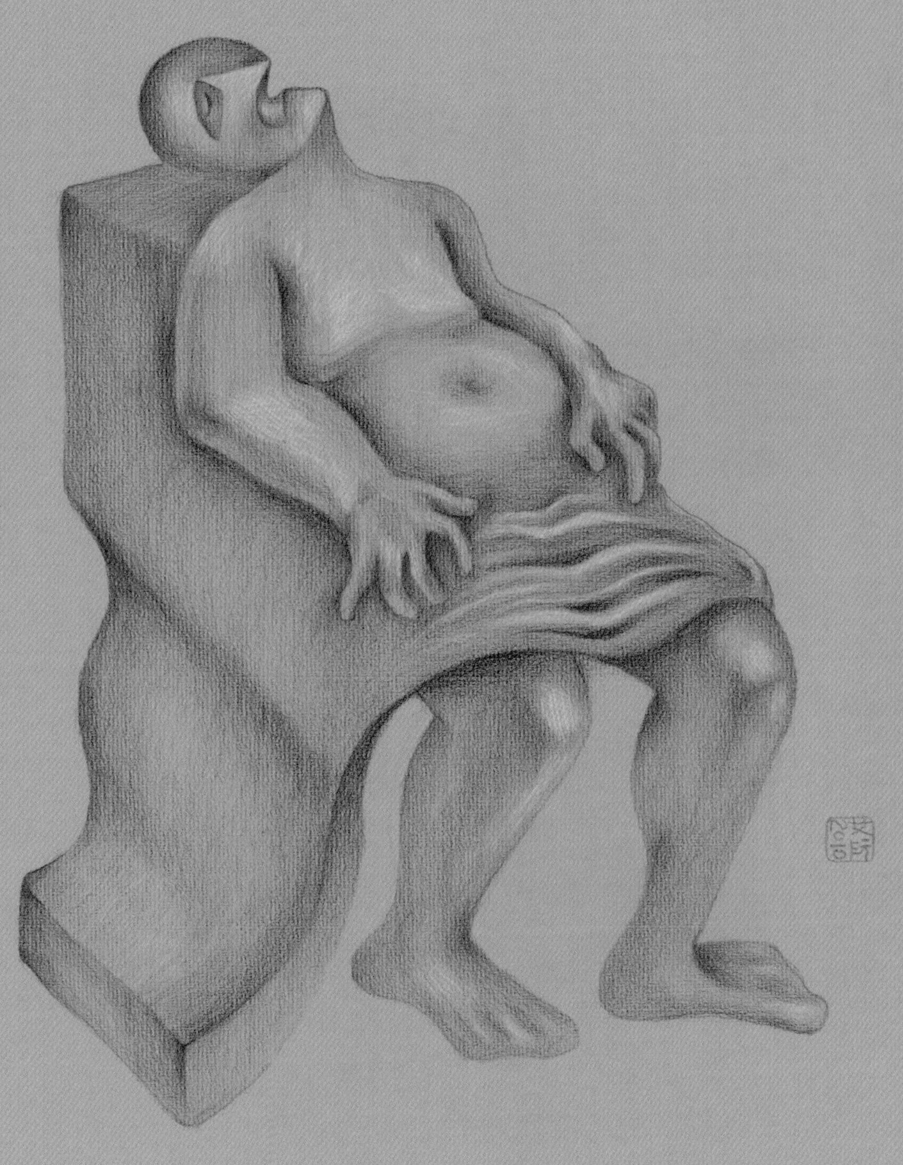

他的「老」不在肉身，乃在裏面的肉心。肉心已變成
一個對罪對恩典毫無知覺的石心。

6 瑪土撒拉

由始祖亞當到挪亞的時代，也即神以水災毀滅了整個人類（除了方舟內的人畜）之前，人的壽命平均約有八百歲，及至方舟水災後，人的平均壽命急降至四百多歲。神原先創造人的心意是要人長久活著，只因始祖犯罪後恐遺禍人間，才要人死，但神仍讓人擁有長壽，可享受神的創造。人卻越趨敗壞，終日所思所想盡都是惡，很有可能，神削減人的壽命，是要減輕人的罪孽。

你可知否，水災發生前，我便知道人類要面臨一場浩劫。因為我正是代表這浩劫的記號（sign），「瑪土撒拉」這個名字是父親給我起的，然而改這名字並不是他的意思。聽他說，是神在我未進到母腹前，便向他傳達信息，預言他必生一兒子，要取名瑪土撒拉。這瑪土撒拉的名字我極之討厭，它的意思是「我死的那天，神必要毀滅這世界」，哪有父親為孩子改這種不吉祥的名字？這就正如甚麼張衰人、陳遭殃，還有Mr. Terrible Badluck或Miss Ugly Dead，但這名字是我的命，我是神安排的見證者，見證祂的預言和信實。[1]

神的憐憫體現在瑪土撒拉的長壽上，瑪土撒拉一天未死，人便還有悔改的機會。或許神是企圖再多等一段時間，讓自己有機會撤回那可怕的刑罰。

你可知否，明白自己的生命是一個表徵和記號，那種複雜的心情有多難受？一方面渴望自己不要死，因為自己一死，世上的人就要遭逢大難。然而你又可知否，在這個惡貫滿盈的世代中成為最長壽的人瑞，活到九百六十九歲是多麼叫人疲累的苦差？我盡了一生的努力告誡人，勸人悔改，但他們除了譏笑我之外，還極力咒詛我：「快去死吧！你死了我們便安寧。」擔負神的信息是多麼沉重啊！況且這個信息不是簡單的嚷嚷，而是要不斷重複著「我死」、「我要死」、「我死的時候」、「我死，你死」、「我死，你們死」、「我快要死」等可怕的短語。一張嘴好像生下來便註定要咒詛自己和別人，直至死的那天。我曾向神說：「神啊！我累了，求祢讓我死吧！」但神總在寬容，祂容讓我的痛苦延續，只為叫更多人得救。

神是慈悲的，祂眼見寬容已沒有意義，眼見瑪土撒拉身體日漸衰敗，便一早安排瑪土撒拉的孫兒挪亞建築方舟，祂其實已預備了後著，一心要給人類重新做人的機會。瑪土撒拉目睹方舟的整個興建過程，他知道方舟一旦完工，大門一關，他就要死，所以垂垂老矣，仍勸人進入方舟避災，只是世上沒有一個人理會他。

人們常說，生命不在乎長度，只在乎深度，但對於瑪土撒拉，生命絕對在乎長度。

古今共舞

世人追求長壽的努力從沒有停止，古有煉丹尋找長生不死之藥，今有千變萬化的醫藥科技，只求把人的壽命延長。延長了的生命，對我們有甚麼意義？若延長的年日只是讓我們遲一點才面對死亡的恐懼，卻沒有教我們反省生命的真義和本質，把生命的深度提昇，那這長度有何意義？它又如何能扭轉下一代的命運？

瑪土撒拉

生命不在乎長度，只在乎深度，但對於瑪土撒拉，
生命絕對在乎長度。

7 該隱

這個神真麻煩，獻了祭給祂，祂仍左挑右選，一句不高興，連看也不看一眼我所獻的，便說「不悅納」，又偏心弟弟，總之是亞伯，就連他放的屁也變成香的了。

該隱性格暴躁，容易動怒，他每天汗流滿面，才得糊口。每年的豐收時節，他總從地裏的土產中留下一份來獻祭，這是父親吩咐他的。他對這個神很覺陌生，父親只告訴他，他們原本居於伊甸園，那裏物產豐富，只因人做錯了事，才被逐出該園。至於那件錯事的細節，父母都沒有多言，他心中只覺納悶，認為這個神太嚴苛，也太挑剔，但既然父母叮囑，他也就依樣遵行。每年收成，他便隨意拿取一份來獻祭。那一份的數量不少，他每次從土產中取出來時，都有種怪怪的感覺：「多麼可惜啊！明明可以作一個月的糧食，卻這樣沒有了……」但他還是每年獻祭，深信自己這麼慷慨，必定會得神的欣賞。

然而那一次，他大大的震怒。神收取了弟弟的祭物，卻不曾看他一眼，他裏頭抑壓多時的不平和苦悶湧動翻騰。他竭力控制自己，但他的臉不受控制，頓時漲紅，臉上像有百枚針此起彼落地刺著，以致他面部的肌肉一時失控，嘴部歪向一邊。他的眼睛因為細小，被附近膨脹的肌肉逼得更小，像在一團紫紅的肉中捅了兩個黑洞，洞眼深陷而黑暗，看不見眼白，只在黑暗中映著一點青濕的波光，那種眼神似乎無法用語言刻劃。至於嘴部雖然失控得歪了，卻仍被兩唇後面上下震動著的牙齒所牢固著。該隱很想説些單字，但無能為力，「豈有此理」、「過分」、「囂張」、「這算甚麼」等短語不斷在腦裏閃過，突然間，神發聲責備他，他的憤怒就更難平息了。

> 這次以後，我決定不再獻祭了，獻祭給一個不可理喻、是非不分的神作啥？我才不像弟弟，説話陰聲細氣，見了人總是笑嘻嘻的，裝出一副「親善」的臉孔，最討厭這種虛偽的人，討好神惟恐不力，獻祭像表演。

人只要心裏充滿了恨，便很容易動殺機。自己為甚麼與弟弟爭吵，進而打架，然後把他殺了，該隱已記不起來。他只記得那天殺了亞伯後，便把屍體埋在泥土裏，亞伯滾進他所挖掘好的土坑時，眼睛還未閉上，且瞪得很大，大而放光，那情景很是恐怖。但過了幾天，該隱也就忘了那放光的眼，他甚至有點記不起亞伯的樣貌，他高麼？他強壯麼？全都模糊起來……

如果不是那天經神一問，他真的差點忘記自己有一個弟弟。那個他怨恨的神好久未與他談話，突然出現卻只關注那個亞伯。「我豈是看守我兄弟的嗎？」[1]既表示弟弟去了哪裏與他無關，又抒發了對神只關注弟弟一人的不滿情緒。

好！既然讓祢知道，祢要罰便適隨尊便，橫豎祢一向喜歡懲罰，打從父親的時代，你已經以懲罰為嗜好。

該隱的口竭力抑制自己不說出心裏這些話，他謀殺親弟之事敗露後，心裏更恨神，聽候發落後，極之不滿。

我的刑罰太重，過於我所能當的。[2]

面對這種惡劣的態度，神仍忍耐他，為該隱立了個記號，免得人遇見他就殺他。該隱樂得放逐生涯，只要沒有人殺他，他就寧願離開這個神。他想忘記神，忘記父母，忘記弟弟，過屬於自己的新生活。此刻，他逍遙自在，充滿信心。

古今共舞

該隱被神放逐，因為殺了人。這不算悲劇，更可悲的

是該隱的自我放逐。他根本就不介意離開神，只要得到基本的保障和安全的保證，他就樂於流浪去，也不把耶和華放在心上。究竟這是被神懲罰，還是自我懲罰？我們做錯事後逃避面對，往往就是這樣。

該隱

然而那一次，他大大的震怒，神收取了弟弟的祭，卻不曾看他一眼。

8
約伯

約伯便起來，撕裂外袍，剃了頭，伏在地上下拜，說：

> 我赤身出於母胎，也必赤身歸回；賞賜的是耶和華，收取的也是耶和華，耶和華的名是應當稱頌的。[1]

一個在神眼中「完全正直」的人一直蒙神賜福，子女僕婢成羣，牲畜千萬。在一日之間痛失家園，這包括牲畜被擄、僕人被殺、十個子女同時喪命。一切更極富戲劇性，每一個災難總有一個倖存者前來報信，幾個倖存者都在差不多時間抵達，以致約伯可以在短促而連接的時空中接收到一個比一個可怕的噩耗。

一個血肉之軀，於此泰山崩於前仍能說出「耶和華的名是應當稱頌的」，這種無瑕疵的「人中之龍」無怪乎被撒但魔鬼看中，使他從腳掌到頭頂，長滿毒瘡。按聖經的記載，這時的約伯仍非常冷靜：

> 約伯就坐在爐灰中，拿瓦片刮身體。他的妻子對他說：「你仍然持守你的純正嗎？你棄掉神，死了吧！」約伯卻對她說：「你

說話像愚頑的婦人一樣。噯！難道我們從神手裏得福，不也受禍嗎？」在這一切的事上約伯並不以口犯罪。[2]

從「撕裂外袍」的悲壯舉動，進到「拿瓦片刮身體」的沉默與憂鬱，已經反映了一個心態的轉換，這是個由外而內的過渡，從向外彰顯歸到內在反省。面對枕邊人在患難中的「誘降」，約伯仍堅守真道，「不以口犯罪」。至此，撒但可算是全軍覆沒，再沒有可入之孔了。

此後，約伯開口咒詛自己的生日。[3]

約伯的失閃，始於「此後」，這個此後發生在他三個好友來到後。其實，三個朋友可算患難中的摯友，他們聞友遭難，遠道而來，看見昔日容光煥發的朋友滿身毒瘡，差點認不出他來，男人大丈夫也禁不住放聲大哭、撕裂外袍。最可貴的是七天七夜陪伴約伯，沉默不語。這是最大的精神支持，心靈的默契再不需任何言語。

失閃始於「此後」的「開口」，約伯至此進入第三個階段，即從開口（讚美）、沉默（拿瓦片刮身體），而進入「反沉默」。反沉默是「沉默」後必然的反動。沉默不滿足於停頓，它蹲伏著，引誘著，像音樂中的不穩定音，它必須以穩定「音」來完成它的完滿狀態。所以，七日七夜的沉默，必然抵達一個穩定音，約伯的反沉默不可能再倒退到先前的前奏（讚美神），於是唯有進行變奏。依循整個樂章的規律，他既不敢咒罵神，也就只能把自己咒罵一通，以紓緩情緒上的抑壓。

米蘭．昆德拉引用的捷克諺語「人們一思想，上帝便發笑」，至此應該稍作更改，成為「人們一開口，上帝便發笑」。約伯的「開口」，掀起了三個好友的一輪口戰，各人盡顯思辯本色，企圖以一己之理服人。罪便於此時進入，充滿了每一吋空間，填塞著每一縷空氣。

> 我因沒有違棄那聖者的言語，就仍以此為安慰，在不止息的痛苦中還可踴躍。[4]
>
> 人算甚麼，你竟看他為大，將他放在心上？每早鑒察他，時刻試驗他？你到何時才轉眼不看我，才任憑我咽下唾沫呢？[5]
>
> 然而你待我的這些事，早已藏在你心裏，我知道你久有此意。[6]
>
> 你要驚動被風吹的葉子嗎？要追趕枯乾的碎秸嗎？[7]

人一開口陳述自己的痛苦，情緒便可紓緩，但那個被憶述的痛苦，已非原狀，經過了詩人的美化、蒼涼化後，痛苦便變成一種美學。這種美學最後只能是一種藝術，是為滿足讀者或對象而創造出來的人工機制（artificial mechanism），這種藝術在若干情況下使人反省和謙卑，但在更多的時空下卻製造自憐與自我的情感。

因此，神在旋風中回應約伯，劈頭便問：「誰用無知的言語使我的旨意暗昧不明？」[8] 原來言語是遮蓋神旨意的最利害武器。它使一切都變得曖昧，真與假、善與惡、美與醜都模糊起來，人進入似是而非的迷茫狀態，再沒有那份決斷和信心撐下去了。最後，約伯與神相見後，被神的光一照，自稱「因此我厭惡自己（自己或譯：我的言語），在塵土和爐灰中懊悔」。[9]

人的言語縱無知，但神仍用此來講述有關祂與人的故事。整個約伯記的寫作就是以言語來傳遞神旨意的證據。讀者閱讀約伯記，如戲台下觀眾，有說書人陳述故事背景，又有超越時空的不同場景再現，甚至天上撒但與神的一場戲也盡收眼底。若人都謹記地上各種苦難與天上的戲台息息相關，就能有多一點謙卑、忍耐和勇氣去演好地上的那場戲。

語言是神樂意使用的媒介，整個約伯記最能顯示心靈痛苦的文字，並不是人自述其苦的言語，而是那些不帶情感的陳述句。

約伯就坐在爐灰中，拿瓦片刮身體。[10]

人何時才能脫離無知的言語的永劫回歸？[11] 這在一個苦難的民族，尤其是猶太人和中國人中，看似是遙遙無期了。

古今共舞

歷史已經一次又一次上演類同的悲劇。天災不息，悲苦不停，這些痛苦不斷地被記錄和閱讀，卻無法使我們的世界減少憂患和痛苦。是言語的不濟，還是人性的無望？若言語不可信，人心不可測，希望何在？痛苦若真的有其意義和價值，哪又是些甚麼東西？

約伯

從「撕裂外袍」的悲壯舉動，進到「拿瓦片刮身體」的沉默與憂鬱，已經反映了一個心態的轉換。

9 亞哈

神既使我坐以色列王的座位，我就該享大尊榮。但那可惡的先知，不但使以色列遭災，更專說凶言，我痛恨他們，但他們的身分又使我忌諱，我只能默默忍受他們那目中無人的態度。可幸有王后，她解決了我心內的煩惱。

亞哈作王後，最煩擾他的就是那些先知。先是以利亞使地土三年不下雨，人畜幾絕，並在眾民面前作了一場徹底擊敗巴力共四百五十個假先知的精彩表演，亞哈看了那次表演，確是有點忐忑不安，以一人敵四百五十人，場面可不能說不壯觀，羣眾也像瘋了一般，看完了表演便把那四百五十個先知殺掉。亞哈把這一切都看在眼裏，他開始感受到這些先知的可怕力量，然而王后的反應卻比他鎮定，她更聲言要以命償命，下令追殺以利亞。

我對這種先知狠不下心，只因他們也並非全是帶來災難的人，他們的說話往往很準確，絕無差錯。我就是藉著另一個先知的預言，擊敗了亞蘭王兩次。

一個軟弱的以色列王，打勝仗後偏向敵人施恩惠，還為自己的王恩浩蕩而沾沾自喜的時候，先知又出現了，責備他把該滅的人放走，以後必以命換命，且連累國民。

> 我做錯了甚麼事？只是給我的兄弟一條生路罷了，何竟要這樣殘忍地報應我？難道我身為國君，連放走一個敵人的權柄也沒有？王后說我是以色列的王，本該暢暢快快地活，為何我偏如此悶悶不樂？我也不明白，自己做王，卻總不像個王，連一個喜愛的葡萄園也得不到，遭逢拒絕，我還是脫了王袍不再做王罷了。

亞哈雖優柔寡斷，但他的另一半耶洗別卻是個狠毒的婦人，無怪乎亞哈悶悶不樂時，耶洗別總以各種卑污的手段來滿足他；亞哈性格上所缺乏的，正有王后補足，這真是好一對互相配搭、彼此補足的「璧人」。

亞哈是個怕死的王，當以利亞向他論到其絕子絕孫，不得好死的預言時，他驚惶不已，那一切的撕裂衣服、禁食、身穿麻布、緩緩而行的舉動，都是恐懼下的唯一可行表演。說它是表演，只因表演者一旦下台，便返回「真身」。面對應否與亞蘭爭戰一事，亞哈又面臨他一生最害怕和厭惡的先知預言，既聽到了凶言，又怎能釋然去打仗？既決定偏行己路，又要戰戰兢兢，惟有用盡各種方法逃避死亡。從亞哈不穿王服而改裝上陣的舉動，反映出先知的預言成了他一生擺脫不了的幽靈，至死也纏著他。

一生中多次看過神大能的經典場面，且多次被神勸導和警誡，卻仍不辨真偽善惡，一生只懂得為維護一己的慾望和生命而煩惱自卑；這樣的王，註定只能當一個卑怯無能的國君。

古今共舞

亞哈的卑劣，不止於他的不聽忠言和貪生怕死，更可怕的是他借助另一個個體——他的妻子，來實現心裏一切的妄想和私慾。他自己無能，不敢明明行惡，卻把自己的主權交給一個女人，讓自己卑污得心安理得。不少現代夫妻，不就是亞哈和耶洗別的翻版嗎？我們都沒有了自己，又或是使身邊人沒有了自己，這正是我們的卑污之處。

亞哈

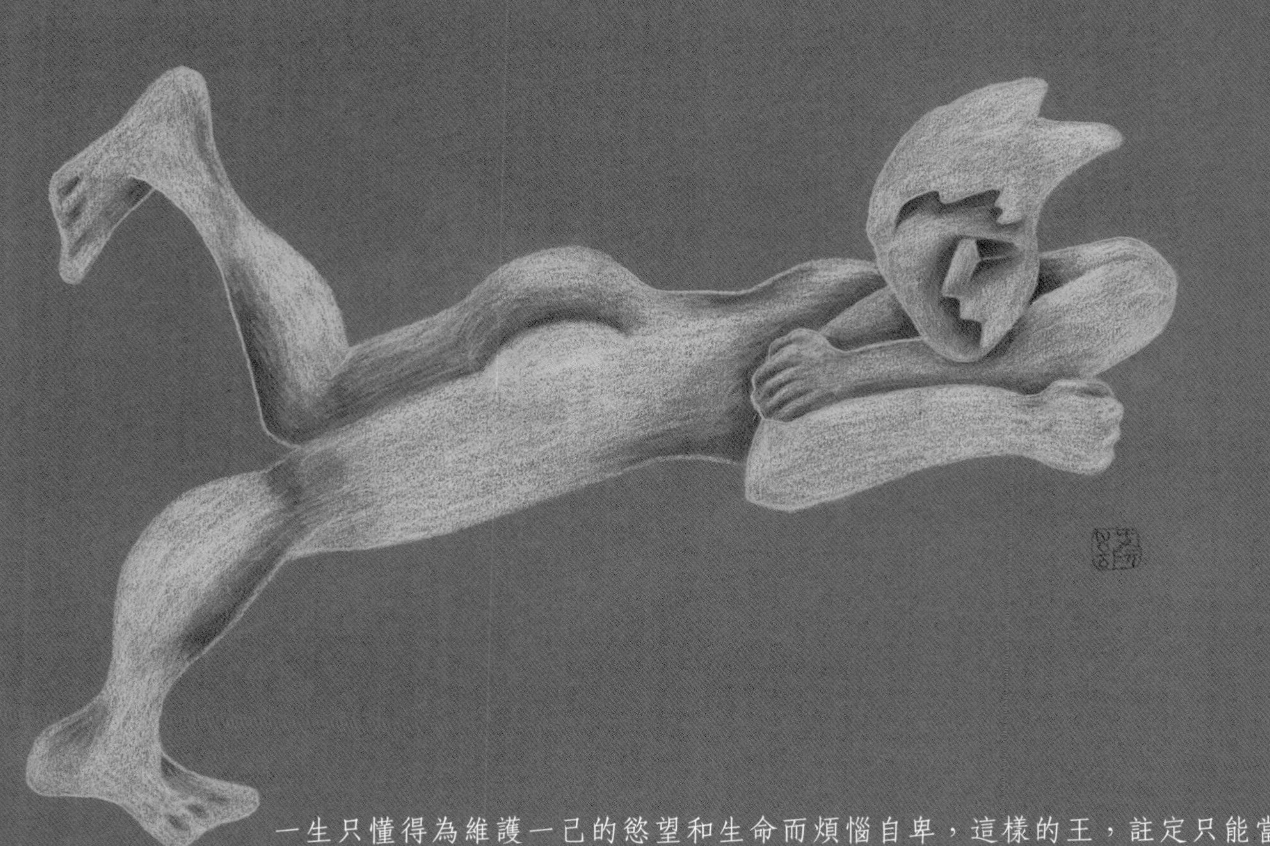

一生只懂得為維護一己的慾望和生命而煩惱自卑，這樣的王，註定只能當一個卑怯無能的國君。

10 以利亞

死不一定能解決一切問題，但確可以解決大部分的問題。

以利亞在羅騰樹下的心情並不複雜，他一心事主，卻面對權威的恐嚇和追捕，自知個人在權威下只是微塵，所以求主把生命取去。他此刻只願神的恩臨到，賜其一死，如果有所謂苦杯毒酒之類的浩蕩王恩，他定是引頸以待的那類忠臣名將。有甚麼事比被主接走更可歌可泣？但在「並不複雜」裏面，卻隱伏住很多的記憶。人的行為受經驗影響，而經驗又被記憶塑造。以利亞在羅騰樹下心如止水，但正因這絕對的靜聲，把他帶回那個如夢似真的大場面，那個他與四百五十個假先知決戰迦密山的盛會。

> 大聲求告吧！因為他是神，他或默想，或走到一邊，或行路，或睡覺，你們當叫醒他。[1]

耳邊突然響起了自己的聲音，那是輕視和嗤笑的語音。還記起那個「叫醒他」的「他」字，他那時故意把音調提高和拉長，以表達他對他們那個神的輕蔑。那個「他」字像響起於峭壁的聲音，一個個「他」來回往返於山崖之間，構成了悅耳的回音。

他——他他他他他他他
叫醒他——ta ta ta ta ta a a a a a a
你們當叫醒t——ha a a a a………

那個拖長了的「他」的尾聲，漸漸只剩下「哈」，這“ha”像人向他呵氣，呵在他額頭、眼皮、兩頰，並耳垂。以利亞就在這“ha”的醉人之氣中睡著在羅騰樹下，夢中，他彷彿聽到另一把聲音：

必必必必必必……
不不不不不不……

「必」和「不」一點都不悅耳，它們沒有剛才那拖長的尾聲，那是一種沒有商量餘地的口氣。

必必必……
必不不不不不……
必不降露不不不……
必不降露不下雨
這幾年我若不不不不……禱告
必不不不降露不不不不下雨[2]

這顯然是另一把聲音，這聲音響亮而明快，曾出現在初見亞哈的場合裏。這是我麼？真是我的聲音麼？怎麼這麼難聽？我還以為那時我的聲音更要雄厚些，但現在聽來只覺得自己的聲音很陌生，也不如想像中悅耳。

哪 ————

嗯！這聲音才有點像我嘛！我的聲音是應該多一點溫柔啊！

看哪 ————

是我了，一定是我，那肯定是我的聲音。

看哪 ————你的兒子活了。[3]

那是他一次奇妙的經歷，把一個已死去的孩子救活過來。他還記得那孩子的母親苦苦的央求，他隱約看到那樓房擺滿了器皿，還有那個載著麵果的罈，那麵吃了多天，從沒有短缺。他就在那裏看著那婦人已經死去的孩子，孩子的臉已經沒有血色，蒼白得厲害，他跪在孩子躺臥的床前禱告。不知過了多少時間，他起來伏在孩子身上，那熱的身體接觸到冷的身體，以利亞只覺熱氣從自己身上流走，及至感到熱的已經是孩子的身體，冷的是自己時，他又再跪下禱告。不知過了多少時間，他又起來伏在孩子身上，孩子的身體已沒有那麼冷，熱氣又再流到孩子身上，他復又跪下祈禱。又不知過了多少時間，他起來第三次伏在孩子身上，這次孩子的身體已不冷，他自己的熱氣流到孩子身上，孩子漸暖熱起來，並開始呼吸，眼皮也跳動，以利亞便把孩子抱起來，走到樓下，交給婦人。

看哪——

你的兒子活了了了了——

那「了」音繚繞耳邊，是我最喜愛拖長的一個尾音字，那確是我啊！

起來吃吧！[4]

這肯定不是我的聲音。

以利亞從幻夢中醒來，只見頭旁放了水和餅，便吃了。

如果記憶是歷史裏的一片，是曾經發生的經驗，有目可見，有音可聽，有色可觀，有味可嘗，為何竟如夢一場，如此縹緲，如此模糊？過去的雖真，卻承載不了當下的恐懼，「當下」才是真實的，是抓得住的。

耶和華啊！罷了！求你取我的性命，因為我不勝於我的列祖。[5]

那個當下的聲音已被睡醒後的「當下」置換了。「這聲音是我麼？」是的，「我為耶和華正大發熱心，那個當下，我已決心一死，好逃離這滅命的追殺」。

人面對可怕的權威時，一切回憶都反過來臣服於「當下」。

人還是需要休息，才能把如夢的記憶喚醒過來，並繼續走那甚遠的當走之路。

古今共舞

有哪些歷史，是要每隔些日子再讀的？

有哪些記憶，是要刻意重新召喚回來的（英語recall一詞最為傳神）？

夢境，往往反映我們日間的恐懼與焦慮，這當下的恐懼和焦慮代表了我們背後的一種權威。日復一日，它驅使我們成了沒有歷史和記憶的人……

以利亞

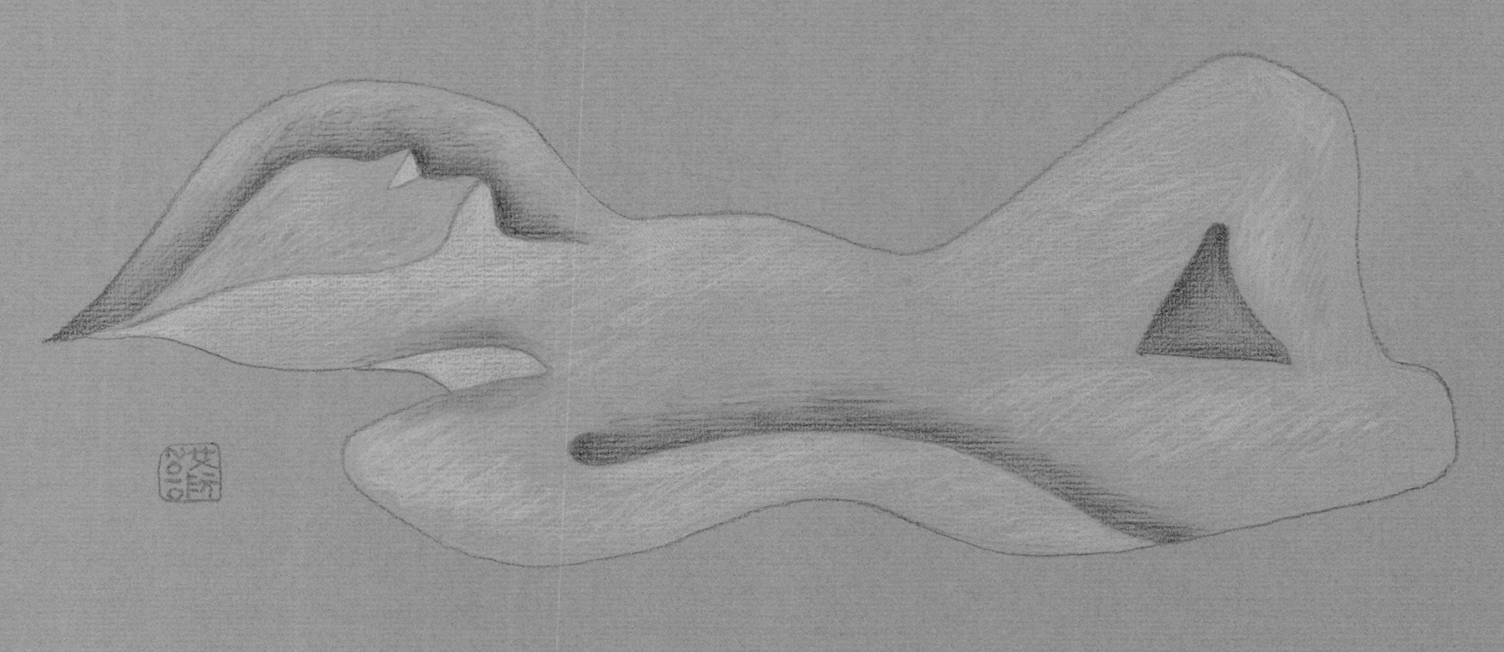

人還是需要休息，才能把如夢的記憶喚醒過來，並繼續走那甚遠的當走之路。

11
掃羅

神把我提升到天上，又把我狠狠的摔下來！

一個由無變有的世代，以色列人從無王到立王的過程，這萬眾矚目引頸以待的巨星是誰？掃羅「身體比眾民高過一頭」，是一副帝王之相，他自言自己是以色列支派中最小的，卻被神看上了，把他升為至高，並與他同在，賜他一個新心。他在山上眾先知中受感說話，這一切，都顯明神喜悅掃羅。

若非那個大衛，我的命運斷不至於如此！

這種對另一個人的怨恨，始於一個嘉年華式的場面。那時掃羅被身邊的將臣與羣眾擠著，周圍充滿濃烈的汗臭、酸奶和金屬味，還有來自四方八面的鼓磬聲，震耳欲聾，幸有各種嬌美的女聲游走著，在微帶青草味的空氣裏翻騰，低迴婉轉。遠遠一個黃紗裙的少女急促地邁著舞步，正追趕那興奮逼人的鼓點和音樂。然而，喧囂吵鬧的聲音突然急速化作一團刺耳的雜音，有點像耳鳴的感覺。

掃羅感到世界突然由眾聲喧譁變了單一聲道，耳邊開始響起整齊而嘹亮的音韻和節拍，有點像詩班的大合唱：

> 願王萬歲歲歲歲歲歲……萬萬萬歲……萬載載……千千千秋……萬萬萬……載……千千千千……萬萬萬萬萬萬萬萬萬……

就是這種關乎千秋萬載的功業，鋪展了掃羅對大衛的嫉恨。為何大衛要得「萬萬」，我就偏剩個「千千」？[1]掃羅是如此耿耿於懷這個關乎「千與萬」的煩惱，他由嫉恨轉化為懼怕，因為這個「萬萬」作事精明，人見人愛。他盡量使大衛遠離自己，又把大衛降職為「千夫長」，以一己之權力重組這千與萬的規律。掃羅的懼怕沒有藉此消解，因為神與大衛同在，自己就更怕大衛。「懼怕」使人產生焦慮，這焦慮只能以「逃避」或「消除」來解決，逃避的方法行不通，便只能動殺機。

> 我知道神已經離開我，祂愛大衛，卻厭惡我。否則，為何我多次追殺大衛，神千方百計營救他？而我，卻要在睡覺和大便的時候給這小子羞辱？他是誰？他自己也自稱「死狗和蛇蚤」，神卻要這隻死狗來替代我，我就這樣風風光光地上台，羞羞慚慚地落台

嗎？我不求甚麼，只求神在人面前抬舉我，使我光光彩彩地做完這個王，卻是不能。神啊！為何祢連話也不跟我說？我豈不是祢一手提拔的嗎？祢就這樣無情？我是逼不得已才把撒母耳的鬼魂招上來的，但我得到的是甚麼？祢給了我王位，卻沒有給我尊榮，因為祢把大衛放在我的生命中，要打擊我，羞辱我，替代我，我還有甚麼能力反抗？除了權力，我還剩下甚麼？

掃羅一生最驚恐的時刻，是聽到撒母耳的鬼魂所說的那句話：

明日你和你眾子必與我在一處了。[2]

得知自己還剩下一天的壽命，那是怎麼樣的感覺？明知必敗也要赴戰場，那是怎樣的心情？無怪乎掃羅魂不附體，不吃不睡。

其實，那與死又有何差別？只是餓死不及戰死的光彩。但為何祂仍使我被箭射傷？我為何不能轟轟烈烈地死去，反要躺在地上看著自己的血慢慢地流乾，並隨時遭那外邦仇敵來刺我、凌辱我？那膽怯的小子不刺

我，我就自己伏在刀上吧！怎個死法，我總
算有點選擇權了。

當掃羅的鬼魂知道後來自己與三個兒子的頭被人砍下來，給送到非利士地的四境傳觀，自己的軍服被剝下掛在偶像的廟裏，自己赤裸的屍身被釘在伯珊的城牆時，竟晝夜哭泣啼叫，他這鬼魂永遠也無法安息下來。

古今共舞

一個人一旦升得太高，就有機會跌得更痛。人一旦到過高處，就難回到低地。政權的轉換、領袖的上台落台，為何總要流血？假若連教會裏也不乏戀棧權位、不惜一切以自保的神的僕人，又怎能指望我們的社會更清潔和清醒？

掃羅

「懼怕」使人產生焦慮，這焦慮只能以「逃避」或「消除」來解決，逃避的方法行不通，便只能動殺機。

12 大衞

我已忘記那是怎樣開始的了，好像是一個靜夜，在王宮的平頂散步，走了一會，便索性躺下來。閃亮的星星鑲在一整塊墨布上，星星閃著的樣子不是一顆顆的，而是一浪浪的。我又看到有一顆星特別明亮，像碎石中的巨鑽，甚有王者氣派，眾星拱月地閃爍在星海中。我想到我的民，他們也是如星那樣多，正如神應許的一樣。

我那時忽發奇想：我為何不數算一下我的民？摩西從前不是也把所有以色列的男丁，從二十歲以外的，能打仗的，都數點並記下來嗎？大衞的國也應這樣，把神所賜給我的民記下，可以來一篇《大衞民數記》呢！

雖然約押大大反對，但那時大衞卻以此為國事，事在必行，王命難違。

王命當然難違呢！我約押這個小小的元帥，除了執行外，還可以怎樣？我警告了他，行此事會使以色列人陷在罪裏，他卻不聽，王的氣燄那時是多大啊！他也多麼意識到自己是個王呢！我們做臣僕的，從來就沒有選擇權，不似他，他是王，所以受神懲罰時也有多種選擇配套。

這元帥約押又怎會理解，有選擇遠比沒選擇痛苦？一個人從選擇中作出的決定，反映了他的意願、智慧和性格。人生中充滿了各種選擇，但又有幾人對自己的選擇無悔？沒有選擇餘地的人埋怨缺乏選擇，選擇了的人又悔恨自己所作的決定，人一旦不滿足，心理又怎能平衡？心理不平衡，自然免不了愁煩和抑鬱。大衛的確數點了他的民，那數目也被記下來，被歷世歷代的人閱讀，但多少世代的多少人會對聖經的數字感興趣？除了「十」誡、「十」災、「二」人連成「一」體、「兩」個人總比「一」個人好、「六六六」的撒但數目、「十二」支派和「十二」門徒之外，有誰能記住聖經中的數字？除了存放在銀行的家財數目，又有誰會刻意牢記一個數目！神既說過要使以色列人多如天上的星，地上的沙，沒有人能數過來，人又怎能越過祂所說的話？果然，後來數民數不成。聖經記載約押數了以色列人和猶大人後就厭惡不已，放棄遵命。而那被記錄的數字，在撒母耳記下和歷代志上都不相同，兩個版本共四個不同的數目。

至於大衛，他聰明之處就是不去選，把選擇權交給神。三年（撒母耳記下是七年）的饑荒，三個月被敵人的

刀追殺，三日的瘟疫。三個選擇中，最「速戰速決」的是三日的瘟疫，但這卻是覆蓋範圍最大，傷亡最嚴重的災難。「一人做事一人當」，自然應選被敵人追殺三個月了，只是飽歷「死狗」生涯的大衛已無法返回那種壯志和勇氣。他既知道所謂選擇權只是虛掩的幌子，至終必為自己帶來怨恨和後悔，便退一步來，所謂海闊天空，也就是讓神為自己選擇。神又哪會捨得下這重手？祂為大衛選的，是對他最小殺傷力的災難，看祂在使者「剛」要滅耶路撒冷時便後悔，發出沉痛的嘆息：「夠了，住手吧」，可知其心之痛。

數字最大的功用和價值，並非它那透過一個號碼而體現的寫實主義，而是經由數字的尾巴所暗示的種種借喻、轉喻和象徵。這個最終成謎的民數，究竟撒母耳記下或歷代志上孰真孰假，已經不再重要。有趣的是，大衛想數點民數，追求一個數字，這數字具備吸引力，因為它能反映一個帝王的氣派與勢力。但最終，神送給大衛的數字是「三」，它代表的卻是懲罰時的選擇，真是大殺風景。我們很難想像，為何數點民數會為大衛帶來這麼重的懲罰，但看後來事件的發展，相信大衛是真的明白過來，明白到數字的禍害，明白到人追求數字背後的動機，他最後甚麼也不選，而把自己的命運交回神手中。神為大衛選的，明顯反映出對大衛的憐憫。這些有關數字的故事，似曾相識，實在也是今天我們的故事。

古今共舞

數字成為了現代人的偶像。曾幾何時，我們聽過不少人的心願是要在某個歲數前賺到人生的第一個一百萬。大學教授則為了證明自己的市場價值，要定期出版著作，文章須被刊登於權威雜誌之內，不同的雜誌又會派不同的分數，整個遊戲類近孩童入讀名校的計分制度。直至最後，所有屬於「質」的東西都能以數目來衡量時，數字被奉為神明的過程便大功告成。成功的定義就在於一個數目。難怪今日連教會的牧者也受到影響，不知不覺地追求所牧養的堂會人數能達到某一數目，以反映搶救靈魂的業績。

大衛

他既知道所謂選擇權只是虛掩的幌子，至終必帶來自己的怨恨和後悔，便退一步來。

13
夏甲

這就是當二奶的宿命麼？

夏甲是個沉默的女人，至少聖經把她塑造成一個這樣的女人。她出身卑微，說的話沒有分量。她一出現，就註定是一個替代品，代替主母為主人留後，任務完成後就要離場。如果二奶被逐是必然的事，如果破壞人家幸福的第三者是自取其辱，為何世上有這麼多庸俗的故事，把眾多風流倜儻的才子、不解溫柔的妻子、出污泥而不染的佳人，還有鄰家寂寞難耐的人家老婆編寫在一起，繡成一件件的珍珠衫、一段段的花樣年華，在在教人淚下，對萬事網開一面？

夏甲確是個可憐的二奶，在那個充滿霸氣的撒萊和那個毫無主見、無情無義的亞伯拉罕的映襯下，她是個值得同情的第三者。當二奶已經是悲劇，那被別人安排的婚姻，更是古來已有的女人的悲劇。一個女人生下來被安排做另一個女人的使女，然後被安排與主母的丈夫同房，生孩子，被苦待，被逐，這都是命運之劇本，誰寫下這劇本？夏甲又能否改寫劇情？夏甲並不意識到，她已在生活中不經意地改寫了自己的劇本。主動也好，被動也好，即使力量單薄如向千年大樹呵氣，也確已震動了樹上的葉子。葉子其實在深秋的金黃空氣中已有點枯，只掛在枝子上，隨時準備親吻土地，飄然而下。夏甲呵出的那口力量單薄的氣，不經意地徘徊於連結住枝子與葉子的地方，竟把葉子吹落，無聲無色，誰也不曾察覺。

一個卑賤的使女也有其沾沾自喜的時刻，無怪乎傳道書有云：生有時死有時栽種有時拔出所栽種的也有時殺戮有時醫治有時拆毀有時建造有時哭有時笑有時哀慟有時跳舞有時拋擲石頭有時堆聚石頭有時懷抱有時不懷抱有時尋找有時失落有時保守有時捨棄有時撕裂有時縫補有時靜默有時言語有時喜愛有時恨惡有時爭戰有時和好有時……自輕自賤有時自高自大有時……

夏甲並不知道，當她為亞伯拉罕生了兒子後，便不經意地生出一種優越感，那是因孩子與自己都備受關懷和寵幸所致。但兩個女人又怎能共享一個男人？男人又怎會平等對待兩個女人？既有兩個，就不免有高下和先後之分。正室是自己年輕時便深愛的女人，但妾士又是那懷胎十月給垂垂老矣的自己傳宗接代的人，我豈可不待她好一點？好一點就是好一點，就是有「分別」，既有分別，就不免使人意識到「我」的重要。無意識的夏甲就是在這種情境中改寫了自己的劇本。她那掩藏得很好的飄飄然之感，還是模糊縹緲地散發出來，使主母受屈。女人如果有權力，又有哪個甘於作綠葉？就這樣，枯葉被夏甲呵出的那口氣所驚動，飄然而下。

假若夏甲倒抽了那口涼氣，葉子不曾掉下，劇本又會跟如今的有何分別，那就只有天知曉了。然而所謂宿命，又是給編進那千條萬縷的網羅中，一經一緯都有條不紊。撒萊的緯與夏甲的緯在亞伯拉罕的經中穿行，每一次經與緯的相交與重疊都銘刻了每一點的時與空，並每一個必然與偶然，是神與人共同努力的成果。所謂差之毫釐謬之千里，可以是理解這網的本質的一種文學比喻。

古今共舞

只要世上仍有男性，二奶這種角色是永不會絕跡的。今日的二奶，大部分都較夏甲幸運，因為命運被改寫的往往是大婆和她的孩子；此外，現代二奶能居於另一屋簷下，也就有了多一點力氣去改寫自己的命運。二奶不易當，無論是蓄意破壞人家庭，還是無知而當上二奶的，她們都是痛苦的一羣。反觀，神故意讓撒萊趕走夏甲，使夏甲掙脫二奶角色，自力更生，夏甲才得回她的自主權，不再任人擺佈，亦算是奪回屬於自己的劇本，做個不折不扣的自由人。若現代社會的二奶能學夏甲，我們的社會或許能有更多堅強和快樂的婦女與孩子。

夏甲

二奶不易當，無論是蓄意破壞人家庭，還是無知而當上二奶的，她們都是痛苦的一羣。

14
約拿單

我所遇過的人，沒有能比大衛，他的單純，他的勇敢，他的儀表，都是無與倫比的，無怪乎父親這樣怕他，要除掉他，以保國位。只是這國，又豈非他用一己之力所能保住？父親斥責我喜悅大衛是自取羞辱，我又如何向他解釋？是的，我愛大衛，卻不是他說的那種，我願意為大衛犧牲生命，因為他是我所遇過的人中最令我佩服的，他也是我的摯友，神定意以他取代父親。我誠然對不起父親，因為我為了大衛背叛了他。

約拿單並不理解，自己早在大衛出現前已間接地背叛了父親，他以為自己為了大衛而與父親爭吵，甚至引致父親出手殺自己，就是明明的衝突，是造成背叛的緣由，但所謂背叛，豈單是一種意志？不也是早就種在心田裏，無意識地流露了，栽種了，施肥了，到矛盾發生時，才與血和淚一起收割？

約拿單是掃羅的長子，是掃羅年青時所生的。掃羅四十歲登基作以色列王的第二年，約拿單便跟隨他出戰非利士人，自幼便如掃羅的小弟弟般跟他出入，知道父親是個儀表出眾，惹人歡喜的人。父親很在意自己在人前的表現，他總是鶴立雞羣，也介意別人對他的評價。

自從父親登基以來，他刻意地建立自己的威名。他真的要作王了，做事果斷、冷而無私。他雖然愛我，但對我也多了一分威嚴，不似從前，我可以與他商量，與他講道理。

約拿單知道，自從掃羅私自獻祭而被祭司撒母耳譴責後，部分的軍心民心已經動搖，撒母耳不留情面指出神要以別人代替父親，因此父親王位不會長久。這風聲也或多或少給傳開了，父親就更覺要力保王位與君權，他在與非利士人爭戰的日子，為要振奮軍心和建立威信，竟下旨百姓，若不等到晚上將敵人收拾打敗，便不准吃任何食物，否則必受咒詛。

我要是早知道他下這等愚不可及的聖旨，就必竭力阻止，不致增加百姓對父親的不滿。

約拿單並不明白，自己其實正是使百姓不滿，甚而憎恨掃羅的兇手。百姓渴望要一個王，千方百計千辛萬苦地向神求了回來，豈不捨命跟隨？掃羅下令百姓爭戰當日不准吃，他們雖然困倦，無力爭戰，從沒有考慮過違命，直至約拿單無知地吃了樹林中的蜜，更直言父親連累大家，並慫動羣眾一起吃時，人的心才變得複雜和矛盾。他們雖然最終沒有仿效約拿單伸手取蜜吃，但仍是在殺敵後急不及待宰殺牛羊，像野人般在地上茹毛飲血，無怪乎王者掃羅聞悉自己臣民的野蠻行為，立時氣得七孔生煙。這不單違反了神於申命記明明命令不可吃帶血的肉的教導，更有損國體和王的名聲。

間接使百姓不滿父親的罪魁禍首也直接導致羣眾公然抗命。當掃羅得悉，違反王命私自在殺敵復仇前吃過食物的人是自己兒子時，一派義正詞嚴大義滅親的口氣：「約拿單哪，你定要死！若不然，願神重重的降罰與我。」[1] 這種出動神威名並語帶恐嚇的起誓，並未使羣眾動容，他們似乎認為「不知者不罪」是理所當然的，而且約拿單殺敵有功，他們不能接受王的決定。這種早經約拿單啟動了的悖逆機制已經成形，他們的悖逆不再處於約拿單那種無意識的階段，而是過渡到意志的層面，但這種具意識的悖逆如何經歷合理化而體現出來？這其實一向是人類的強項。由於羣眾數目可觀，聲勢就自然大，從說話的語調和所用的詞彙可見，羣眾的話遠超聖旨：

> ……豈可……斷乎不可……我們指著永生的耶和華起誓，連他的一根頭髮也不可落地……[2]

這是甚麼態度？是黎民百姓跟王者說話，卻扔出一張更大的「王牌」，「可」字在肯定語氣時意思有商有量，但作否定語氣詞時則無轉彎餘地。至此，百姓也有樣學樣，起誓當吃菜，一起誓，就是把一張印了神頭顱（神頭顱該是怎樣？沒有人知道，惟有想像成一隻凸眼金牛）的撲克牌扔出來，擲地有聲。難怪後來耶穌指出，人不應起誓，所說的話，是就說是，不是就說不是。人不願為自己所說的話負責任，硬要拉出個神來證實自己的信用和決心，神無緣無故做了這許多世代許多人的假見證「神」，委屈了這許多年，對人也夠容忍了。祂經過多年驗證，知道人沒有改過來的希望了，為免連累蒼生，所以明令不准人再起誓。因為人是先起了誓，才會有所謂違背誓言的叛逆行為。

古今共舞

悖逆是甚麼？由無意識過渡到意志，有甚麼元素？是被悖逆者的無能，還是悖逆者自身的不忠，使悖逆成為可能？世上有很多權威，我們須要不斷去檢驗和反省，必要時甚至要質疑和挑戰，不惜流血犧牲；世上也有很多悖逆行為，盲目地挑戰權威，人云亦云，只隨著大眾的方向，迎著潮流的風尚。兩者皆悲劇，我們又參與了哪一場？

撒拉

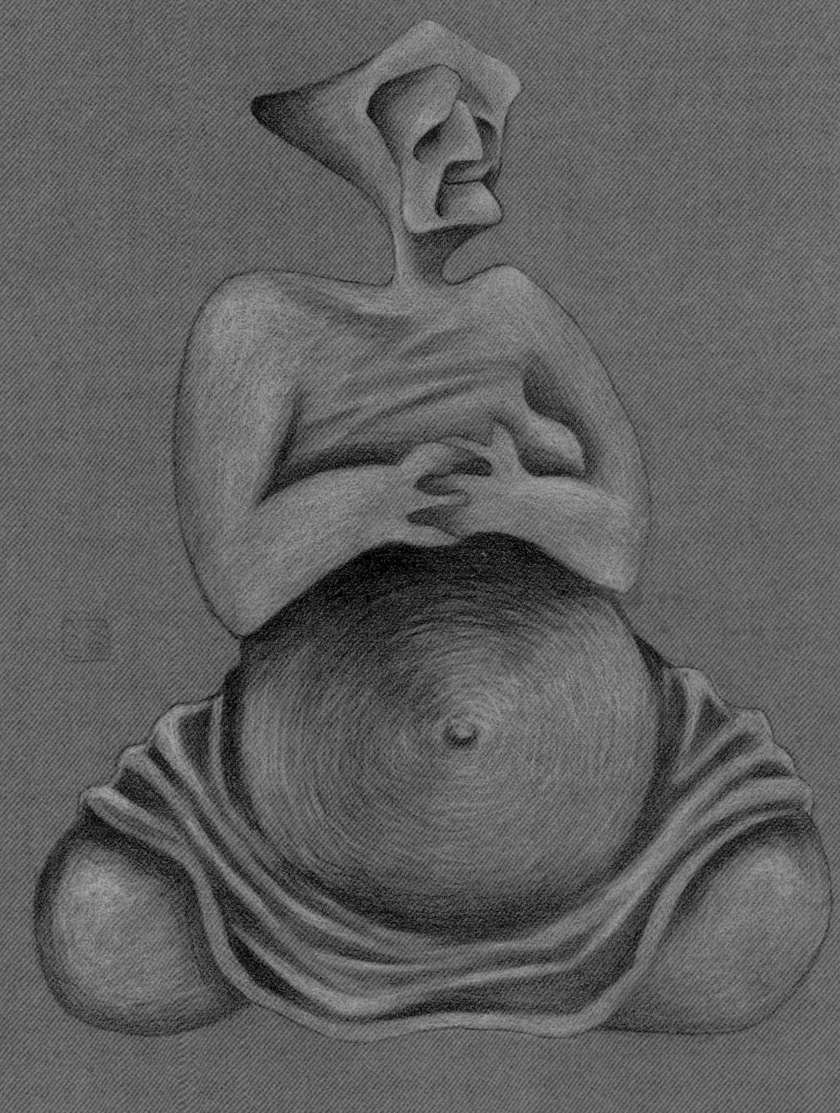

耳中聽到的詞彙——「懷孕」，與那影像——「老婦」在一瞬間的當下未能在概念上取得和諧，且即時產生一種滑稽可笑的感官作用。

15 撒拉

我若早知自己要生以撒，就不會讓使女夏甲跟亞伯拉罕同房……

這是眾生之母撒拉（原名撒萊）在九十一歲後的遺憾，那是她生下人生第一胎的歲數。然而又會有誰想到，月經已經停了的百歲女人仍有生兒育女的機會？撒拉是個大美人，亞伯拉罕帶她離開吾珥往迦南的日子開始，已多次掩飾自己是撒拉丈夫的身分，因為妻子太漂亮動人，為免被有權力人士謀妻害命，他只好在人前自認兄長。撒拉早已習慣這種生活，她從年青時已追求者眾，卻一心向著亞伯拉罕。與他結成夫婦後，仍不時惹上狂風浪蝶，她是克盡婦道地作個好妻子，從來沒有異心。只是美人徒有美貌，卻不能為丈夫傳宗接代，這是她自己無法驅除的遺憾。年輕貌美時只一心等候，告訴自己還有時候，但日子一天一天一年一年地溜走。縱然撒拉在六七十歲時仍顯得漂亮迷人，使埃及的法老和基拉耳王亞比米勒傾倒，但似乎美貌在撒拉身上成了一個咒詛，往往為丈夫帶來各種煩惱。撒拉的美貌引發的彌天大禍，使亞比米勒整個家族的婦人被神咒詛，以致不能生育，這種近乎傳染病的不育細菌，比那種傾國傾城的美貌給人更深刻的印象。這一切，撒拉都

放在心上。

一種深切的缺憾，衍生一種強烈的慾望，撒拉既被神命定不能生育，便以人為的方法企圖把問題解決，她把使女夏甲奉送到自己與丈夫同寢多年的床榻，為的是除去這無後的恥辱，消滅這可怕的病菌。她又豈不知道這當中的危險？親手把另一個女人送到自己丈夫面前，這是自殺式的瘋狂，但慾望的網一旦撒下來，又會有多少漏網之魚的倖存者？

> 那女人有了身孕，就變得意氣風發，不可一世了。我要她明白，亞伯拉罕不會因為她而對我變心，她也休想反客為主呢！

就這樣，以色列上演了第一套的三角戀：一齣由大婆一手編導的悲劇，二奶是她創造出來的角色，二奶的結局也由她寫下，再作修改，到最後角色更被刪掉。

沒有人知道神的時候，即使知道，人也沒耐性等到那日。所以這世上才出現那麼多角色、劇目和情節，而悲劇也就成了主流，統領風騷。但神的旨意不因人的手段和意志而轉移，到了時候，撒拉還是蒙祂眷顧。當她在帳棚無意間聽到三個神人向丈夫宣布自己將生孩子的消息，對這個被談論著的自己，撒拉產生了一種陌生的感覺。「撒拉」成了一個第三者，一個「我」以外的另一個女人，這個女人的形象模糊，隱約地浮現於一次洗衣時的河水中。那倒

影是縹緲的，那掛在背後的一頭長髮污黑而油亮，正好把白得發光的臉龐托出來，面上的輪廓不甚清晰，好像遠遠地觀看時一般模糊，那修長婀娜的身段竟畫了一線怡人的弧，一切如夢似幻，卻又如此真實。

可是那黑與白，還有那圓渾的弧都沒有停留多於一瞬，不知誰把一塊小石擲進水中，波紋蕩漾得厲害，那黑與白都倒過來，弧也收斂了許多。只見一個白髮的老婦，那白把她深陷的眼窩映照得出奇的黑，那弧顯得凝滯，嚴格而言已不能稱作弧，只可用「非弧非直」的反語詞來表達這種概念性的線條。

這乾癟的倒影就是那個第三者了。耳中聽到的詞彙——「懷孕」，與那影像——「老婦」，在一瞬間的當下未能在概念上取得和諧，且即時產生一種滑稽可笑的感官作用，使撒拉嘴角兩邊的肌肉下意識地抽動了一下。抽動後，一個概念隨即在頭腦中出現——「可笑！這怎麼可能？」

先是帶點鄙夷的心情，但馬上因被公開譴責而變得害怕，撒拉在神人與丈夫面前矢口否認自己曾經嗤笑，然而惟神知曉人心，神人何必與無知婦人爭辯下去？到撒拉真的把那第三者結合在「我」的概念上，便由「暗笑」變成「喜笑」。

古今共舞

人生如戲，我們都在不知不覺間創作了自己的劇本，可惜的是，極少人認出自己在別人劇本中的角色，往往不經意地搶戲和搗亂，為別人帶來無法彌補的創傷。我們當主角的那劇本，我們演好了麼？我們當配角或閒角的那些劇本，我們是否演得過了火？

約拿單

所謂背叛，豈單是一種意志？不也是早就種在心田裏，無意識地流露了，栽種了，施肥了……

16
亞伯拉罕

神的心意是一夫一妻制，這在創世之始已經顯明。因為祂用男人的肋骨造了夏娃，卻沒有用其他骨頭或器官造另外的甚麼「春娃」或「秋娃」。然而，這一夫一妻的「原創性」受歷世歷代人的曲解和破壞，以致一夫多妻、一妻多夫、一夫一夫、一妻一妻，甚至一人一獸等可怕不已的事未曾止息過。有謂男女關係猶如服裝的配襯，要新奇，且要與時代接軌。衣服的原始意義源自始祖犯罪後的「遮羞葉」，但時易世變，當以醜為美的時尚也變得庸俗時，人們就自創王帝新衣。如果「女人如衣服」的説法已經過時，那就試試「性伴侶如衣服」！有人天天換，也有人一星期或一個月換一次，視乎各人的忍耐力。

亞伯拉罕早已不再去想那傳宗接代的問題。他一生只愛撒拉，雖然知道她不能生育，但也從未想過一夫一妻以外的事。

只是耶和華既應許賜我後嗣，我就以此為証，知道總有一天自己要得著一個兒子……

可是在迦南住了快十年，生活變得沉悶和乏味，撒拉也由開朗變得乖戾，且常常顯得煩躁。亞伯拉罕知道她為了自己的不育積壓了多年的鬱結，這種對神的沉默的不滿，使她多年來活在抑鬱的情緒中。但我又可以怎樣？除了絕口不提，照常生活之外，又可以作甚麼？

所以當撒拉建議讓使女夏甲為我生孩子時，我也不大確知這會不會是神的時候。但我聽從了，我又怎忍心再看見她為無後而繼續鬱鬱寡歡，就此終老？只是料想不到一切如願以償後，煩惱也跟著速速臨到。

撒拉啊！這又何苦呢？亞伯拉罕的心總出現這呼喚式的嘆息。當夏甲懷孕，撒拉就由高興迅速變為憤怒。一切不是已經按她的計劃發生了麼？為何她仍舊不快？還把這種不快盡行發洩在一個懷胎的婦人身上？這很快就有答案了，還不是女人的嫉妒？夏甲逃走那日，亞伯拉罕經歷了不小的打擊，他不明白為何神所賜他這個後嗣，來得如此不易和不順。雖然他對夏甲沒有太多的感情，但她畢竟是為了他而受這些苦，更何況一夜夫妻？如果女人真的如衣服，為何這衣服穿上了就總覺是屬於自己的，怎也捨不得隨便扔掉？

早在現代之前，人們已喜歡把性與愛分割，使性變了一門職業或手藝，愛則化為遙不可及的烏托邦。對亞伯拉罕那個時代的人，這種複雜的思想是難以想像的，但性在若干程度上是一種結合的行為，它比衣服多了一種功能，至少在亞伯拉罕與夏甲的個案中是具有這種功能——製造生命。對亞伯拉罕而言，他不能説自己對夏甲全無愛情，但至於那是一種怎樣的情，可能連他自己也不大清楚，他只知道，即使撒拉生下以撒之後，他仍然把夏甲和以實瑪利視作自己的家人。

> 但撒拉不能忍受夏甲與兒子繼續留下來。這又何必當初？你叫她們兩母子如何活下去？

亞伯拉罕深愛撒拉，也受神指示，送走了夏甲和孩子以實瑪利。他覺得這一切好像一場夢，卻是個惡狠狠的夢。一份好端端專一的愛，無端端一分為二，夏甲既出現過，就成為亞伯拉罕生命的一部分，她佔的份量也許不大，但還是把整整的「一」，分割為大小大一的「二」。可見，女人絕不比衣服，可以用完即棄，男人既與女人的身體合而為一，他們就分享了彼此的生命。亞伯拉罕原本單純的「一」被分拆為「二」，後來又要承受這「二減一」，是生命裏一種無法彌補的缺失和遺憾，然而又有誰知道「二」的代價？齊人之福不易享，神似乎也知道，對亞伯拉罕而言，「二減一」的傷害比「一加一」要輕，所以還是要亞伯拉罕殘忍地解決了這種人類所遺留下來的「爛攤子」。亞伯拉罕是個單純的人，一生只追求「一」，神也總為他預備「一」。撒拉過世，亞伯拉罕在晚年再娶妻基土拉，這第三個妻子成了他晚年的唯一伴侶，也為他生兒育女，自成一脈。

古今共舞

女性如何看待自己，不但影響自己的幸福，也間接影響了別人的命運。一個無法接受自己不育的女人，為成就一己的慾望而使丈夫無法從一而終，也使另一個女人受到難以彌補的傷害。男人盲目聽從女人的話，這好像從亞當起已成了宿命。今日的社會裏，女性擁有前所未有的地位，她們又可以如何善用其對男性的影響力，帶來家庭的祝福？若男人也能超越工具論的女性觀，家庭的關係想必也會出現翻天覆地的改變和革新。

亞伯拉罕

他覺得這一切好像一場夢，卻是個惡狠狠的夢。一份好端端專一的愛，無端端分為二……

17 羅得

除了兩個女兒，我已一無所有。

天火焚城的故事傳頌千古，也成為歷來同性戀者被定罪的歷史淵源。同性戀是罪嗎？同性戀違反天性嗎？這肯定是羅得沒有興趣關注的問題。羅得是個目光如豆的人（縱使他同時是個義人），他最後還有兩個女兒在身邊，已經很不錯了。

我就是不及叔父亞伯拉罕走運，住了這麼的一個鬼地方，以致最後要逃難喪妻，我可以選擇麼？

羅得忘記了自己昔日與叔父因產業太多而要分開居住時，自己是先挑的那個。眼見約但河全平原滋潤肥沃，一心以為自己選了塊肥肉，卻只憑眼見，不先去作點調查，就這樣搬進了一個敗壞荒謬的現代都市。那城市總走在時代尖端，當大家仍是以男女交媾為社會常態時，他們偏時興同性交配。我們可以想像，一個相信神的平凡家庭住在這裏，會經歷多麼大的考驗和挑戰。

以羅得的智慧，自然不宜給他太多選擇。但人往往在沒有必要時也自創各種選擇的機制，自暴其短，也自害己命。天火焚城故事中最精彩的「細部」，並非羅得妻子戲劇性地變了鹽柱，也非火與硫磺降下的壯觀爆炸場景，而是大災難出現前兩位天使夜訪所多瑪城。羅得把二人接待到家中，不料門外人山人海，要向羅得所收留的人發洩淫慾，羅得無知得很，在門外向一羣餓狼曉以人生大義，且企圖提供更吸引（或次吸引）的選擇項目，以自己兩個處女之身的女兒作魚餌來餵飽餓狼，正如快餐店未能提供早餐A而大力推介早餐B美味可口一樣。若非兩位天使出手救了羅得，他早已在巨大壓力和暴力下喪命。

我告訴女婿們大難將至，他們竟把這看成戲言，毫不理會。

羅得發言沒有説服力似乎已成為宿命，女婿不走，女兒自然也不願走，羅得就這樣與家人拉拉扯扯，猶豫不決。火已燒來，還遲延不走，若不是神憐恤，天使硬拉著他們的手逃出來，他們也早葬身火海。但神把人救出來，人也仍愚蒙地一頭砸回死地去。羅得的妻子回眸一瞥的真正原因始終是個謎，如果那是一種無意識，就只能猜測這無意識中隱伏了一種執迷不悔的依戀。

妻子沒了。除了兩個女兒，我已一無所有。

羅得又怎會一無所有？繼承父親無知愚昧的兩個女兒竟把父親灌醉，強行發生亂倫，為父親留後，這種傳宗接代的意識，是甚麼樣的道德觀？還不是從那現代都市中沾染來的？養不教父之過，這羅得一生目光如豆，行事只顧眼前利益。他最初曾經企圖犧牲兩個女兒的貞操，把女兒設定為選擇清單中的項目，最後竟親自成為這兩件貨品的消費者。這是悲劇，且是不足為奇的悲劇。

古今共舞

中國昔有孟母三遷，環境對孩子的成長產生甚麼影響？一個社會的經濟富庶程度、民生、教育政策等固然重要，但其道德觀、人倫關係、治安、意識形態，對一個孩子的塑造更加深層。父母是子女的模範，父母在人生中的各種表現，其子女在重複的見證中已認出種種求生技能；因此，怎樣的父母，大致培育出怎樣的孩子。我們今天責怪下一代不成器之前，是不是該先去反省我們自己？

羅得

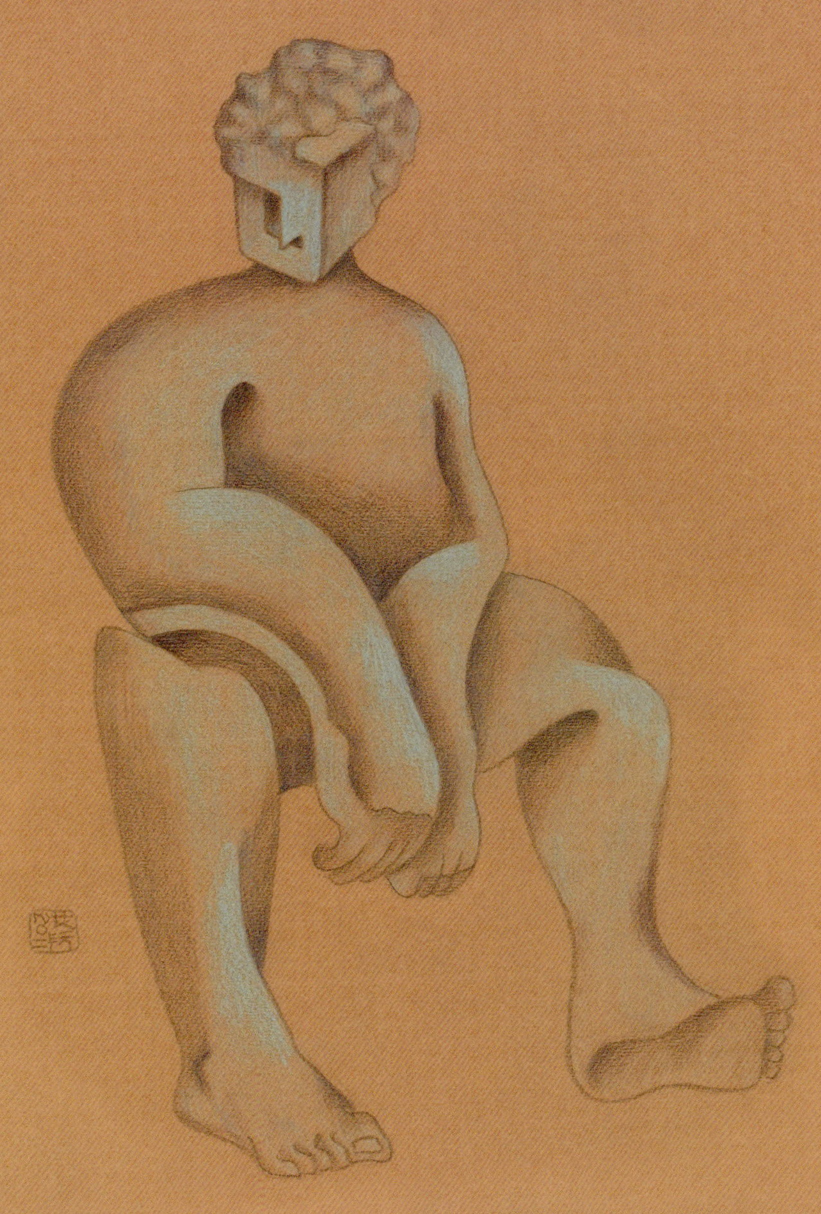

羅得又怎會一無所有？繼承父親無知愚昧的兩個女兒竟把父親灌醉，強行發生亂倫，為父親留後。

18
約瑟

神使我忘了一切的困苦和我父的全家。[1]

約瑟把長子改名瑪拿西，「瑪拿西」的意思是「忘了」，既是「了」，也就成為過去。但真的可以忘記嗎？為自己的第一個兒子起這麼一個煞有介事的名字，顯然是一種反諷行為。

忘了，早晨。

忘了，吃了午飯沒有？

忘了，爸爸今天帶你到郊外走走。

忘了，叫聲爸爸！

忘了，做哥哥的要愛護弟弟嘛！

忘了，……

一切都忘不了。更何況這一切都發生在極度感性的約瑟身上？當然，一個人傾向感性或理性，除了遺傳之外，後天的經歷也有很大影響。約瑟性格的轉捩點是被兄長出賣，那時他才十七歲，按聖經所記，仍稱為「童子」，可見約瑟仍是個不知天高地厚的黃毛小子，這尤其反映在他那向父親「打小報告」的行為上。兄長恨他，也因為這小弟弟常常「學是非」，數他們的不是，而這種兄弟不和又建築在父親偏心幼子的基礎上。一個年幼無知的「童子」在一種權威的保護下，不經意地行使了某種權力，引起兄長極度不滿，最後釀成家庭慘劇。

但人的缺憾卻被神化為種種祝福，鑲嵌在祂的計劃中。約瑟上半生都過得苦，被賣到埃及後，本來受人賞識，但也同時因受人家老婆的賞識而最終身陷囹圄。縱然是有異能和才幹的人（他擅長解夢，在波提乏和法老手下作事精明），但他或許漸漸明白到「收斂」和「隱藏」是另一種對神懷信心的表現，所以面對奸人所害和牢獄之苦也能忍受到底，等候神的時間。

> 神給了我解夢的異能，使我多次藉此得到賞識和嘉許，但唯獨幼年時的那兩個夢，我是如何也不能明白過來。

約瑟在獄中為酒政和膳長解夢，在法老面前又把七個豐年荒年的夢解明，再一次從卑賤的境地被神抬舉起來。可以想像，約瑟被帶離監獄，在見法老之前所經歷的剃頭刮臉換衣裳的過程，對他心靈的震動是多麼大。他又再從深坑中被提上來了，就如昔日被兄長扔到野地的坑裏，然後被帶到不知名的地方去。他的異能終被顯露。一息之間，他從卑賤的監犯成了一人之下萬人之上的埃及宰相，如此戲劇性的經歷，又怎能使人再相信生命是偶然的呢？

昔日自己敬畏神而拒絕了主母的色誘，為此而下監受苦，就是為了今天？今天之後，約瑟凡事亨通，並在這給他帶來過無數苦難的土地娶妻生兒。

然而，約瑟並沒有忘記，所以他把長子取名瑪拿西。他沒有忘記年幼時所作的夢，那個太陽月亮與十一個星向他下拜的夢，和那兄長的捆圍著自己的捆下拜的夢。所以當七個荒年來臨，眾兄長來到埃及糴糧的時候，約瑟所有的回憶都給喚回來。那個眾兄長向他下跪向他買糧的畫面，馬上折射出昔日舊夢中的禾捆的幻影。回憶的鏡像頓時照明人心中種種的迷思，約瑟從眼前與回憶交錯組成的光影中瞥見神，他終明白過來。視覺上的奇幻經歷把一切非影像的視覺殘餘物投映到心靈上，一切是如此清晰，「一目了然」的視覺效果又豈能描畫這種澄清的境界？一切「痛苦」、「卑賤」的緣由也有了落腳處，那從來與之並行雙生的「快樂」、「尊榮」等也才扎實下來。

忘了，是為了在將來被喚回。

古今共舞

人們很想忘記痛苦的經歷，卻往往忘不了。Forget（忘記）與Forgive（寬恕）之間的關係，是不是就在那get（得到）和give（付出）？在你得到以先，必先付出。若我

們的痛苦再一次被喚回來，會不會就是為了要提醒我們，

給予寬恕，自能得到釋放，忘盡煩憂？

約瑟

一切都忘不了。更何況這一切都發生在極度感性的約瑟身上？

19
以斯帖

「傾國傾城」一語之所以用來形容一個女人的美貌，且歷久不衰，正在其體現美貌背後隱藏的危機和暴力，所以它具有無可比擬的深刻力量。一場特洛伊（Troy）之戰就是因美麗的海倫而起，女人的美貌確實不可輕看。

猶大人以斯帖以王后的身分阻止了一場猶太人的滅族浩劫，以美貌救國。作為一個女人，她並不是甚麼深明大義的大英雌，只是因為代父末底改給她說了一句話，迫使她反省自己自幼便認為理所當然的「美貌」在整個猶太民族中的重大意義。

> 焉知你得了王后的位分，不是為現今的機會麼？[1]

對於以斯帖，這一切對她來說都太沉重，救國不是男人的事麼？女人從來就沒有地位，她想起在她之前的那個王后，同樣漂亮，但豈不是王用來炫耀和賞玩的一件裝飾品？王要她露面讓眾臣民觀看，她偏不從，就這樣被廢王后之位。一入侯門深似海，以斯帖知道自己只是個替代品，她一心想安份做個不過不失的替代品，從未想過自己要成為甚麼民族英雌，留名史冊。昔日的王后沒有因為美貌而逃過被廢的大難，她又能以此美貌作甚麼呢？

你莫想在王宮裏強過一切猶大人，得免這禍。此時你若閉口不言，猶大人必從別處得解脫，蒙拯救；你和你父家必至滅亡。[2]

末底改把以斯帖養大，又怎會不看穿女兒的心？他用詞如此重，是不給她掙扎和拒絕的機會。以斯帖自揣置身事外是萬全之策，但末底改言若發咒，獨善其身的念頭也就不得不打消。

昔日的王后違命而被廢，今天的我違例進去見王，能倖免嗎？如今，整個民族的命運就在於我，我是誰？我真的可以救他們嗎？如果我的死能救他們，就死吧！

救國重任是一個女子可以承受的麼？以斯帖心內豈無恐懼？她是以一種不成功便成仁的心境去應付當下的場面，「死就死罷」是這心境的色調。至此，她別無選擇，惟有求代父發起全族的祈禱行動。整個民族三日三夜不吃不喝，為一個女人祈禱，確是史無前例的大事。

末底改所言屬實，王后若獨善其身，猶大人必從別處得拯救，這「別處」已經在巴比倫王那邊開始了。「那夜王睡不著覺，就吩咐人取歷史來，念給他聽。」[3] 聖經記載多個帝王所作的重大決定，都源於失眠，而帝王失眠時又總會看歷史書，從「追述」與「喚回」的行為中「驚覺」和「發現」，因震懾於神的威榮而頒下種種出人意表的命令。原本將要被滅族所累而喪命的末底改，正因昔日救駕有功而留名史冊。一個名字被讀出後，身分就改變了，命運也即時改寫過來。

「別處」又豈只一個單位？它是個網，織進去的是以斯帖的美貌、王后的悖逆和被廢、叔父的救駕、王的失眠……一經一緯綿密無縫，抵禦了敵人的攻擊，並把之一網打盡。

第一個王后輕看了自己的美貌，以為不甘於做被觀賞的花瓶是等閒事。後來的王后卻珍惜這美貌，多年保養，就在一朝，她知道最親近自己的一張漂亮的臉，原來並不屬於自己，它可以成為拯救的武器；她不輕看它，最後更為這張臉賺取女性從未得過的尊榮和美譽。

古今共舞

美貌可以是女性的武器；武器能救人，能殺人，在乎使用者的意願。今天的女性仍無法逃離工具主義的宿命，選美會、「嚫模」、美白、纖體等意識形態讓女人這武器劃一地成為商人的工具，女性也就不得不成為商品了。

以斯帖

對於以斯帖，這一切對她來說都太沉重，救國不是男人的事麼？

20
摩西

我是造夢也不會料到自己被神揀選，帶領以色列人出埃及。我是何許人？竟能去見法老……

一個帶領以色列人脫離鐵爐日子的民族英雄，在被神揀選和陶造之前，原只是一個懦夫……

誰說我是懦夫？我雖長在法老女兒的家，吃的卻是自己親母的奶，是不折不扣的希伯來人，也正因如此，我憐憫我的同胞，他們飽受奴役之苦，像牛馬一般被埃及人督工嘶喝著、鞭打著，我若不是同情他們，就不會偷偷下到他們那裏，去察看他們的勞苦和重擔了。

又有誰會料到，無心看戲的旁觀者最終走上戲台上演一幕兇殺案，成了戲台上的主角？摩西就是在一個埃及人打希伯來人的情節中介入「搶戲」，把埃及人打死，自以為是愛同胞，卻落得被同胞奚落的境地，且被責怪多事自惹麻煩。摩西至此才驚覺自己成了戲中人，一朝踏進虎度門，便不能有自己，他就這樣被逼把戲演下去，演與不演已沒有選擇餘地。但演甚麼角色還是可以行使自由意志選擇的，摩西在法老的追殺下，選擇了逃兵的角色。在性命攸關之際，他取明哲保身而棄殺身成仁。

我到現在也不明白，神為何要揀選我來承擔這拯救以色列人出埃及的重任……

摩西的性格絕對不符合當民族英雄的資格，他既無野心，又怕事怕死，心地太好，這都是從古到今所謂民族英雄的大忌。當神在荊棘火中向他顯現，要打發他擔此重任時，他先是質疑自己的地位和身分：

我是甚麼人，竟能去見法老，將以色列人從埃及領出來呢？[1]

繼而質疑這個跟他說話的神的身分：

他們若問我說，他叫甚麼名字，我要對他們說甚麼呢？[2]

再質疑自己在羣眾中的說服力：

他們必不信我，也不聽我的話，必說：

「耶和華並沒有向你顯現。」[3]

神把摩西的質疑逐一駁回，又賜他權杖，更立時施行如幻術般的神蹟，使摩西的手長痲瘋以作證明，但摩西並不以自己被神重用而歡喜，反而極力地回絕神好意。當接二連三被神駁回後，他只能自貶一通以提醒神錯選了人：

主啊，我素日不是能言的人，就是從你對僕人說話以後，也是這樣。我本是拙口笨舌的。[4]

摩西自知自己的口才無法使羣眾信服，又覺得這缺憾似乎無法如先前長痲瘋一般，得到超自然的改變（因為與神對話良久，仍是拙口笨舌）。人一旦缺乏自信，即使神顯現眼前，也無濟於事。摩西自我貶抑一番，只是要推搪，回絕神的好意罷了，神又怎會不看穿摩西的心？更好的耐性也敵不過人自我踐踏和自我否定，神至此提醒摩西：

誰造人的口呢？誰使人口啞、耳聾、目明、眼瞎呢？豈不是我——耶和華嗎？現在去吧，我必賜你口才，指教你所當說的話。[5]

神沒有揀選口才比摩西好的亞倫，卻挑選了這個一度是懦夫的愚拙人，只為彰顯祂的奇妙和權能。人即使愚拙不堪，也可以成就神的旨意和計劃，叫人再無從為自己找藉口推搪。摩西自知無法推搪下去，就索性撒野，其實是不想幹，又不敢開口：

主啊，你願意打發誰，就打發誰去吧！[6]

這樣的人，就是神以愛心和忍耐提攜和陶造的一代偉人，那個高舉權杖行使神所賦予的權力，使法老就範，使羣眾信服的民族英雄。從一個貪生怕死、自輕自賤以躲避責任的平庸之輩，被磨練成頒布律法、為民請命和代求的出色領袖。這過程中，透過十災、過紅海、賜嗎哪、擊磐石出水等事蹟，還有在聖山上領受十誡，親睹神聖背的奇異經歷，摩西已經練就出神那種憐憫的心腸，從神對以色列人的慈愛和保護中，學習到愛民如子的那種為父的氣度。在神幾次幾乎要出手滅絕以色列人的時候，摩西都以一己的性命挽回神的心，拯救了以色列民，使神的怒氣轉消。這無他，愛正是化解仇怨的武器，摩西深諳神性情，在神面前為悖逆的子民請命，盡顯為父的心腸，神多次因此撤回對以色列人的滅命追殺令。

懦夫也可成勇者，誰說朽木不可雕？只要有巧匠，腐朽還是可以化神奇的；摩西本人正是個神蹟。只是這神蹟首先是由神單方面施行，一力促成這民族英雄的功業。摩西的自輕自賤並沒有減退神的熱心，這可算為摩西的大福氣，他自己也在執行神旨意的過程中備受光照，心靈和性情起了巨變，願意按神的心意把路走下去，不再作逃兵，終能完成神的託付，鞠躬盡瘁。

古今共舞

歷史證明，不少偉人的誕生，並非因為他們有出眾的素質，反而是因後天的努力和機會。很多有天分的人最後一事無成，平凡的人卻能成就大業，也許就是因為前者太注重材質，後者則自覺一無所有；無論是將勤補拙也好，無心插柳也好，上天總在這些平凡人身上操刀，使他們取得從未想像過的成果。平凡人雖多，但又有多少人的身上有這「鬼斧神工」的痕跡？

摩西

懦夫也可成勇者，誰説朽木不可雕？只要有巧匠，腐朽還是可以化神奇的。

21 法老

耶和華是誰，使我聽他的話，容以色列人去呢？我不認識耶和華……[1]

埃及是個遍滿偶像的國家，多有行法術、妖術、邪術的術士和博士，神像偶像的名字遍滿全地，在法老眼中，區區一個耶和華又算甚麼？一個習慣了發號司令，運用權力來治服國民的君王，又怎會害怕一個甚麼「耶和華」？只是摩西與亞倫第二次再來時，這法老就有點好奇，要見識一下這耶和華的厲害：

你們行件奇事吧！[2]

神早已料到法老要看神蹟，摩西按神的吩咐，把權杖丟在法老面前，杖立時變成一條蛇，但見慣大場面的法老又怎會把這看在眼內？他隨即召集王宮中的博士術士，大家也把杖丟在地上，如一羣聚賭的人各自出牌，擲地有聲，不遑多讓，神莊嚴可畏的神蹟隨即成了一齣鬧劇。好幾條蛇在地上扭作一團，但最終亞倫的仗仍是吞了所有的杖，「耶和華」於第一回合勝出。

以後的回合又何須多言？出埃及記的「十災」是經典

的奇事：河水變血、蛙災、虱災、蠅災、瘟疫、瘡災、雹災、蝗災、遍地黑暗和擊殺全埃及長子，件件恐怖，使埃及臣民喪膽。至於法老，他也未嘗不害怕：

請你們求耶和華使這青蛙離開我和我的民，我就容百姓去祭祀耶和華。[3]

這是商量的語氣，你做了這，我就做那，只是法老見蛙災鬆緩，又硬起心來。及至蠅災，蒼蠅遍布每一個角落，在人身上，在房屋中，在食物、眼皮上，只要張開口就要吃下牠們。多恐怖的畫面，無怪法老要再見摩西：

你們去，在這地祭祀給你們的神吧！[4]

也許被蒼蠅弄得心浮氣躁，便改成了命令的語氣，更限制以色列人只可在「這地」祭祀。然而災害一旦停止，法老的心又回復剛硬。神使埃及打雷下雹，攻擊遍地人畜，法老似乎認識到耶和華的厲害了，心裏也懊悔起來：

這一次我犯了罪了。耶和華是公義的；我和我的百姓是邪惡的。這雷轟和冰雹已經夠了。請你們求耶和華，我就容你們去，不再留住你們。[5]

這好像是真正的懊悔，對神大加褒揚，又自認邪惡，可是這種公式化的虛偽仍掩飾不住法老高傲剛硬的心。在後來的蝗災中，法老又說了一番類似的話，一個心硬的人所作的懺悔，只是擺出一種姿勢，口中自言自語，重複著相同的話，卻沒有意義。無怪乎第九災發生後，法老才稍現真面目，出言恐嚇摩西：

> 你離開我去吧，你要小心，不要再見我的面！因為你見我面的那日你就必死！[6]

這才是法老的本相，自以為靠一己的權力來任意殺人，以解決自身和國家的所有問題。在他眼中，沒有任何事情是解決不了的，也沒有任何人可以要脅他，使他就範。

所謂「死性不改」，指的正是這種剛硬的心腸。後來的第十災終使法老讓步，讓以色列人離去，但這讓步只是逼不得已，因為自己的長子要死了。有甚麼比自己的生命更緊要？還不是那命根般的兒子？可是這一切都未曾完結，以色列人離開埃及後，法老思前想後，仍是憤憤難平，遂親領千軍萬馬來追趕以色列人。神就在以色列人過紅海中大施神蹟，使海水一夜退去，在人龍中立起成壘，卻在法老大軍追至時以大水淹死他們。

摩西領以色列人出埃及的事蹟，歷來被視作文學、電影、戲劇的題材，因為它富戲劇性，充滿了神奇的事。

是的，神只此一次，把人最愛看的神蹟毫不吝嗇地施行出來，祂行這一切神蹟並不是要回應法老的好奇心，祂看透人心，知道神蹟並不能使人折服，祂向法老所行的一切，只是另有目的。一個人只要故意硬著心，就有千百個理由把一切奇蹟偶然化，拒絕接受自己不願接受的事情。法老心硬至死，神一早知道，祂在埃及行這一切奇蹟，讓人一睹神的大能，也讓人以法老的剛硬心腸為鑒。

> 我若……你早就從地上除滅了。其實，我叫你存立，是特要向你顯我的大能，並要使我的名傳遍天下。你還向我的百姓自高……[7]

人的心神早已看穿，有人因遇見神蹟而謙卑下來，亦有人剛愎自用。無怪乎耶穌說：

> 一個邪惡淫亂的世代求神蹟……再沒有神蹟給他看。[8]

古今共舞

繼承啟蒙思想遺產的現代人講求理性思維，對神蹟存疑。人們觀看神蹟的心態，近似魔術表演中嘖嘖稱奇的觀

眾，他們讚嘆幻術的高妙，卻從不認真對待。現代信徒中有不少理性之子，他們相信神蹟確曾發生過，卻不會於當代隨便出現，所以他們討厭聽到其他信徒經歷神蹟，總認為有太多疑點和主觀因素。

法老

一個習慣了發號施令，運用權力來治服國民的君王，又怎會害怕一個甚麼「耶和華」?

（二）新約

1
生來瞎眼的人

我在西羅亞池洗去抹在眼上的泥土時，從那墨黑的水中看見一個倒影，身邊的人告訴我，那就是我自己……

沒有人能明白一個生來就瞎眼的人。那些白日將盡、藍天碧海、萬紫千紅、黃土高原等概念，都只成了漂泊不定的聲音，因為無法停泊在色譜的座標上。可以想像，耶穌説他是世上的光，一個多麼簡潔的比喻，對這瞎眼的人，卻是如何也無法理解的。

還記得那天，我聽見那位稱為耶穌的人，他的一個門生問他：「拉比，這人生來是瞎眼的，是誰犯了罪？是這人呢？是他父母呢？」這問題我倒問過母親，是我十歲的那年。當我經過鄰家一個園子，聽到一個孩童的聲音：「媽，我們鄰家那個哥哥為何看不見？」我聽到他媽媽答他：「因為他在媽媽的胎時已犯了罪，得罪了神，受到神咒詛。」那倒是個悟性高的孩子，竟問：「他在母胎時那麼小，怎麼會得罪神？」他媽媽遲疑了一會，就答他：「那可能是他的父母得罪神，神要他們生個眼瞎的兒子來懲罰他們。」我聽到這裏，再也忍不住了，急忙地跑回家中，心跳得很厲害。雖然很熟悉回家的路，但因看不見，心又急又慌，就跌了一跤。我用手撐著地，感到手掌痛得很。回家時，媽說我的手在流血，我忍著不去哭，大聲問媽：「媽，人家說你與爸得罪了神，才生下瞎眼的兒子，是真的麼？」

接下來一片靜默，只聽見我自己那急速的喘氣聲此起彼落。之後，大概是剛才由那鄰居處跑回家的時間吧，才漸漸聽到些啜泣的聲音，我知道媽在哭。媽是最疼愛我的，我不忍再叫她難過，從此就再沒有提過這事了。

多麼熟悉的一條問題，我又再聽到了。但那稱為耶穌的答案，我卻從未聽過。他說沒有人犯罪，只為要顯出神的作為。然後他就拉著我，抹泥在我的眼皮上，囑咐我往西羅亞池去洗，我一洗眼睛就見到了。當我看見那個水中的倒影，別人告訴我，叫做「我」的影像時，第一個闖進心裏的思想是：從此，再沒有人能控告爸媽是得罪神的人，這許多年的黑暗歲月，也終於完結了；那些被踐踏被奚落的日子，也要結束了。

是的，我們歷世歷代的人，都要多謝這個瞎子，因為他的經歷，並耶穌向他說的話和做在他身上的事，使我們明白到，生命中很多無從解釋的不幸和災禍，都不是從天而降的咒詛，也不是我們犯了甚麼滔天大罪所致。從此以後，我們得以尋回我們作為人應有的尊嚴和價值，就像那瞎子開眼後得見自己一面，重新拾回他作為人的形象……其實不是「拾回」，因為曾經有過才會丟掉，曾經丟掉才能拾回，但這瞎子是生下來就瞎眼，從沒有見過自己的樣貌，對自己的形象沒有任何認識或概念，他是從無到有的。而從無到有，由始至終都只有神才能做到。

他的故事也讓我們明白身體上的眼瞎並不可怕，惟有靈裏的眼瞎才使人活在黑暗中，他們自以為看透眾生色相，卻連最基本的黑與白也不分。正如耶穌所言，正因他們說自己看見，他們的罪還在。

無光，何色之有？

古今共舞

仍有很多人是生來瞎眼的，他們眼中的「自己」，全是由世界告訴他們的。聖經說神按自己的形象造男造女，那麼人若能遇上祂，就該可以在祂裏面，看見自己真正的

形象和身分了。然而，我們的社會中，仍有很多覺得自己一無是處、一文不值的信徒，何解？先有光，才看到顏色、點、線和面，從來都是如此。

在真光中觀看「自己」，才能看得真確。

生來瞎眼的人

我在西羅亞池洗去抹在眼上的泥土時，從那墨黑的
水中看見一個倒影，身邊的人告訴我那就是我自己。

2 保羅

感謝主讓我親嘗眼瞎的滋味！

世上能衷心發出這種禱告的，怕只有保羅一人；他深深感受到失而復得的心情，失去的只是三天的視力，換來的卻是屬靈的開眼。是的，瞎眼並不可怕，靈裏的眼瞎才使人活在黑暗中。

一個受業於嚴謹律法下的熱心教徒，學識淵博、口才了得、有理想、有抱負，為神的道奔波勞碌，忠心為神國清除異己，行事堅定，在那趕赴捉拿耶穌門徒的路上，卻被那個已經死了，而且是自己一直逼迫的耶穌攔途質詢，怎不嚇得魂不附體？

那天，在大馬色的路上，忽然有一個大光，那光光得肉眼承受不住，一片刺眼的白，那樹影、身邊的伙伴，全都變成幢幢的白光鬼影。我伸開手來看看自己，甚麼都是刺眼的白。人說瞎子只見黑色，我卻被那些可怕的白光刺傷了，世界成了一片強光，一片白。

我就仆倒在地上。

保羅不知道，他那些同伴當時看見的保羅，臉色也如灰土般發白。幾分鐘前追殺耶穌門徒那種熾熱如火般通紅的心情，一下子過渡成蒼白的心境。世界只剩下白色，其實那不是白色，而是瞳孔直視強光後的反應，準確一點，世界只剩下一片白光。

那三天，我甚麼也看不見。我被人帶到大馬色，住在一個叫猶大的人家中。三天裏我不吃也不渴。還能吃喝麼？我的心混亂得不得了，除了禱告，甚麼也沒有做。稍稍安靜下來時，耶穌在那天向我說的話又反復在耳邊迴響。我終於得承認自己錯了，自己一直全心信奉的神，竟是我竭力逼迫的耶穌。我不停禱告，求神赦免和憐憫。我知道，自己不配再活在世上，莫説眼瞎，主若要我死，我也是該死的，只是主要我進城去等候祂，我就唯有遵命。如今我還能做甚麼？我想起了司提反，心裏難過和愧疚得不得了。

神沒有叫保羅死，卻差了亞拿尼亞去開他的眼。亞拿尼亞是個極其溫柔謙卑的人，神藉他的愛心和接納醫治了保羅，保羅得回他的視力，且得回屬靈的視覺。新的視覺讓保羅看到一個新的世界，就是神的救恩不但要拯救猶太人，且要臨到整個外邦人世界。

再一次的例證，身體的健全與靈裏的健全有著細緻微妙的關係。多少健康的人不知道自己的靈魂病入膏肓；又有多少人經過一場大病，靈裏的殘障竟奇蹟地康復過來。

古今共舞

人生中的挫敗與打擊有甚麼意義？多少人不容讓「今天的我」打倒「昨天的我」，最後只能在挫敗中沉淪。勇於承認錯誤、改過自新的人，卻能享受真正的自由，他們不用背負包袱上路，能在人生路上創造奇蹟。

保羅

幾分鐘前追殺耶穌門徒那種熾熱如火般通紅的心情，
一下子過渡到蒼白的心境，世界只剩下白色。

3
患血漏的女人

十二年了！每次洗澡看著流在地上的血水，我就感到自己何等污穢，那是無論洗多少次，都不能洗淨的污穢。

在神聖的律法與規條下被界定為不潔淨的病，把一個人從社會的正常生活中孤立起來。那種不潔淨，仿如現代世界中由空氣或身體接觸而傳播的沙士（SARS，嚴重急性呼吸系統綜合症）和手足口病般可怕，病人所接觸過的一切物件，都如病人本身一樣，成了被咒詛之物，而那些不慎摸了被咒詛之物的人，也「必不潔淨到晚上」。

至於那些患漏症的人，在每個晚上都是不潔淨的；在他們身上，不潔的狀態是不會停止的，他們只能盼望著痊癒的一天。而那個患了十二年血漏的女人，已經一次又一次把希望寄託在一個又一個所謂名醫身上，可是在過往四千三百八十三個晚上，她都是被界定為不潔淨的。可以想像，她沒有朋友，也不會有鄰居，因為若有人要探望她，坐了她家的椅子，或摸了她奉上的一個茶杯，當天就不潔淨到晚上。跟她交談，也必會或多或少吸了她鼻孔裏呼出的一點氣息，這還了得！

也可以想像，她沒有上會堂，因為不潔淨的人不得進入聖所，這是摩西時代早已經定下的。更可以想像，她沒有丈夫，誰會娶個長期不潔淨的女人？連摸她摸過的東西也不潔淨，又怎能想像與她同房親近？或有在她未患病前愛過她的男人，或丈夫，但也必在她長期患病的情況下休了她。因為猶太男子是連妻子飯燒得不好吃也可以休妻的，那麼妻子患了不潔淨的病，休她就更是合法合宜且合情合理了。

我從來不敢摸人，因為必叫那人因我不潔淨，只是那一次，我知道那稱為耶穌的，是個從神而來大有能力的先知。我這種見不得光的人，只能暗暗的跟在他後面，突然間，心裏生出個意念，就是很想去摸摸他衣裳的繸子，或許這一摸，就能好起來！

一次奇妙的觸摸，耶穌不但沒有因為被一個不潔淨的人摸了而變成不潔（或許當中仍有一些人會覺得，耶穌那天已算為不潔淨了），更使那不潔淨的婦人痊癒，叫她潔淨。不潔淨的人得蒙潔淨，她那象徵不潔的血漏也止息了。一直使她感到羞愧的血紅色的恥辱，已經被將要在十架上為她擺上的血紅色的犧牲遮蓋了。這血洗淨了那血，且洗淨了以後無數人的罪。

羞辱竟成了榮耀，這是血，是十架。

古今共舞

沙士的發生，使人不敢隨便觸摸另一個人，人們隔著口罩，彼此觀看，互相懷疑。據説，有一羣勇士不但不怕，還握著病人的手鼓勵和祝福他們，不少病人就是因著這愛的觸摸而相信神。會不會，在這奇妙的觸摸中，心靈被洗淨，心眼得以張開？今天，不少人長期活在孤單與痛苦中，他們的心靈與人隔絕，極需要愛的觸摸。誰可以給他們這溫柔的觸摸？

患血漏的女人

今天，不少人長期活在孤單與痛苦中，他們的心靈與人隔絕，極需要愛的觸摸。

4
多馬

談論這事的人已越來越多，他們都說見過主。不知為何，他們越說，我越覺可疑。據說，最先是有兩個婦人看見耶穌，後來，更多的人也看見了，說得繪形繪聲。有些無知的婦人聽了人家說也就相信，毫無見識。

至於我，我非看見他手上的釘痕，用指頭探入那釘痕，又用手探入他的肋旁，我總不信。

多馬是個不折不扣的現代人，因為他那求真的科學精神，使他不滿足於從別人那裏聽來的真理，他堅持要驗證，並定下三重的程序，包括：(一)看見耶穌手上的釘痕(這才能確認那人不是個假扮耶穌的惡棍)；(二)用自己的手摸耶穌的釘痕；(三)用手摸耶穌的肋旁，證實那是曾被兵丁扎傷的傷口。這種驗證程序嚴密得像驗屍官的驗屍手則，不同之處只是那屍是活的。

可是，多馬的求真精神使他在新約聖經中留下不美之名，人們一提起多馬，就只能記起他是個多疑和不信的門徒。如此符合現代科學精神的古人，理應為現代學者賞識和嘉許，如今卻見一個又一個現代聖經讀者一面倒地否定多馬，忘了自己本身與多馬實同為理性的凡人，差別只是古今相隔而已。

> 那一次，我見到主了，心裏湧起很多思想，口裏卻甚麼也說不出來。主叫我伸出指頭來摸他的手與肋旁。那一刻，我好像甚麼也看不見，心一下子像蠟一般融化，很燙，很重。我沒有伸手去摸那釘痕和那肋旁，因為我知道，那是千真萬確的，那是主自己；我的心凝結成一塊，口說不出話來，只能勉強叫了主一聲。

多馬終於明白，真正的相信，是不用摸，也不用看的。摸要用手，看要用眼，而信，須要用心。多馬一直用錯器官。他在看見耶穌的一刻，心靈經歷了震盪，被觸摸的不是耶穌，倒是多馬自己。他為自己的愚不可及和鐵石心腸感到難過，他認識到自己原來竟及不上聽了便信的村婦。那些村婦是有智慧的，因為她們用對了器官；耶穌明確指出，「那沒有看見就信的，有福了」。[1] 因此，多馬怎也不及那些村婦有福，因為她們沒有看見就相信（慶幸耶穌沒有向她們顯現）。多馬呢！他已沒法重新來過，再作選擇，因為看見就是看見，見過就不能回到沒見過的時候，正如以掃把長子的名分賣了，就失落那上好的長子福氣一樣。其實，所謂命中註定，它的真意本來就是指這等

事情。多馬若能單純一點，聽了便信，亦不定下三重程序，或許耶穌就不會向他顯現來堅定他，而他也就不用失落了「那沒有看見我就信的，有福了」的大福氣。

很多時候，我們的命，我們的福，都掌握在我們手中。

古今共舞

常聽説，信心單純的人總活得快樂一點，因為想得太複雜會給自己加添煩惱。很多人都不快樂，因為不甘於被標籤為無知婦孺，也不能接受因受騙而帶來的羞恥。我們會不會把啟蒙主義的份量看得太重，忘記了我們都是一樣的人？其實，由始至終，我們的本質都沒有改變；多疑、悖逆、驕傲從來都是與生俱來的，我們也不用別人教導或啟蒙。

多馬

多馬是個不折不扣的現代人，因為他那求真的科學精神，使他不滿足於從別人那裏聽來的真理，他堅持要驗證。

5 猶大

是的，確有命中註定這回事。因此有些人一直都很同情猶大，認為在整個神愛世人的偉大計劃中，猶大是最可憐的，因為總得有人要做奸臣，才能使被賣被害的悲劇達到高潮；而猶大，就早已註定要扮演奸臣一角。

> 他們說：「猶大，你自己承當吧！」
>
> 我還可以如何？我賣了無辜人的血。我只有一條路，再沒有回轉的餘地了。

猶大說得對，再沒有回轉的餘地，因為賣了就是賣了，不可當作沒有賣過。因此，當他拿著三十塊錢回到祭司長和長老那裏，要把一切推翻，復歸起點時，有點像小孩與大人捉棋，知道自己快要輸時，就喊不玩，並把棋盤搗亂。不過，猶大是真的被撒但蒙閉到底，因為當時並非如他所想那麼絕望，只有一條路走；他出賣耶穌的所作所為，一死是補償不了的。但他若肯悔改（剩下的第二條路），耶穌仍是可以赦免他的，因為耶穌在十架上時，世上一切的罪孽和咒詛都歸到祂身上，祂獨自承擔了一切，甚至是猶大的罪。

不過，聖經卻透露了一條重要的線索——猶大由始至終都只有一條路，因為他屬於「滅亡之子」，[1]他一早已選定了「行車線」，沒有甚麼特別的人或事把他推向一個逼不得已的困境，以致他要走上滅亡之路，他所行的一切，都是那麼自然和無意識。除了出賣耶穌後所流露的一點人性——後悔和愧疚，幾乎每一個行為（包括自殺），都很自然，這只能是撒但的本質。

或許正因如此，很多人同情猶大，認為他是神所選定的奸角，命中註定要做壞人，去襯托偉人和好人。其實，人們不明白，演戲的人下台後就脱去戲服做回自己，他在台上才要按稿説話和行動，台上的人只有一條路走，就是演下去。台下的人則有自主權，可以選擇説自己想説的話，也可以選擇繼續演戲並説台詞；所謂人生如戲，也就是人想表達現實世界中那種不自由不自主、只得一條路可走的感覺，但那只是一種感覺，並非真正的現實。可是，「感覺」是一種很奇怪的感覺，它能夠製造一種假像，使人感到那就是真真正正的現實。例如一個女人聽到A向她説「我愛你」，而B沒有説，就「感覺」A比B更愛自己，進而斷定A比B更明白自己一樣。

猶大在後悔之前，一直在台下，他有各種情緒、主張和慾望，所以他會批評抹大拉的馬利亞以香膏膏耶穌是浪費；他也懂得跟祭司長和長老打交道，商討賣人子的價錢，且選擇用一種極其溫馨煽情的「親嘴」行動作為出賣的暗號。這是一個有血有肉有性格有主見有自由意志的猶大。聖經雖説「撒但入了他的心」，但撒但要進入，也必先得到「自由意志」的同意，並得其大開中門以迎迓。那時，猶大才得以進入虎度門參加演出。既入了虎度門，就要遵守戲行的規矩，不得隨便和馬虎，也不得不演下去了。

猶大是既可憐又可恥的角色，因為他選擇了演戲，把自己推進單程路，萬劫不復。

古今共舞

人們每天生活，須作出無數的決定，有些事情我們能選擇，有些事情我們不能選擇。我們總聽過很多被逼得走頭無路而鋌而走險的故事，不少人在人生舞台上也總會念過幾次「人在江湖」這台詞。可是，人們不為意，當涉及「行惡的決定」時，往往就不再是能不能，而是願不願的問題。

猶大

其實，人們不明白，演戲的人下台後就脱去戲服做回自己，他在台上才要按稿説話和行動。

6
彼得

當耶穌第三次問我「你愛我嗎」的時候，以往刺人的回憶都回來了，我好像聽到另一把聲音在回答：「我就是必須和你同死，也總不能不認你……眾人雖然為你的緣故跌倒，我卻永不跌倒。」

是的，主是無所不知的，他知道我愛他。

彼得三次不認主的罪，並不輕於猶大。在生死攸關時，人性面臨最大的考驗。當人甘於屈從在一種凌駕良知的力量之下，不論那力量的名目為賺取財富、名聲，甚或是肉身的生命，這力量都是邪惡的，它的一項重要特徵是摧毀、否認，或塗抹已有的關係。然而，同樣當過這邪惡力量的奴隸，彼得後來卻成了教會的磐石，猶大則作了樹下的冤魂，其命運差距之大其實只在於二人犯罪後的心態和行動。猶大是愧疚後的放棄；彼得則是愧疚後的懊悔和改正。

彼得回答耶穌第三次提問時的說話，反映了他自始至終都愛耶穌，至少聖經似乎沒有顯示他因為不認主的事件過後而更愛耶穌。不同的只是：經過三次不認主，彼得對自己（倒不如說對人性）有了深切的認識，這認識不單在於知識，更在於經驗。他終於明白，自己昔日發咒起誓說即使為耶穌死也不會不認主的意志和情懷，並不能承托他那脆弱的人性，就是在危難時為保己命而發咒起誓不認得耶穌的那個脆弱的人性。

> 當主問我第三次時，我就明白過來了，主是甚麼都知道的，我也不用多說，因為言語越多，越顯其愚昧。

彼得是真的改變了，從前發咒起誓，急於陳明自己，連心也幾乎掏出來的膚淺說話或行動，已經被稀少而簡潔的言語取代了。人們所謂的內涵和深度，也不過是這種風度而已。彼得深切體會到言語的禍害：發咒起誓為耶穌死也不會不認主的那些話，和發咒說「不認得這人」的話，都是禍害的元兇。彼得這才明白，愛不是用言語，而是用行動來彰顯其本質的。因此，他在回答耶穌第三次提問時，把那些發咒起誓、催人淚下的本色收起來，正如耶穌教導，是就說是，不是就說不是，再多說就出於那惡者。彼得向耶穌發出沉重的讚嘆：「主啊，你是無所不知的……」[1] 可見他完全明白了耶穌藉三次提問而發出的信息，這信息包含了醫治，一次刺人的醫治，透過喚回傷痛的記憶而進行的塗抹，正如我們要刪除檔案前，總得先把檔案開啟，又或至少要把它標示一般。

有一些記憶是異常沉重的，然而若能喚回它，整理它，未嘗不是一種破釜沉舟的方法。耐人尋味的是，我們往往要用言語來喚醒那些經由言語所造成的刺人記憶，又用言語作為纏裹傷痕的紗布，而這正是耶穌用的奇妙方法。

古今共舞

真愛是甚麼？戀人都總要問：「你愛我嗎？」而答的一方又總是不假思索地回應「愛」。耶穌問彼得「你愛我嗎？」時，卻是明知故問，顯然，祂這種經由言語進行的儀式有著另一種意義。誰有喚醒傷痛的勇氣，誰就能早日得醫治；所謂成長，也就是這等事而已。

彼得

有一些記憶是異常沉重的，然而若能喚回它，整理它，未嘗不是一種破釜沉舟的方法。

7 彼拉多

一時間，我聽到很多聲音攙雜在一起……

「他是該死的！因他以自己為神的兒子。」[1]

「這義人的事你一點不可管。」[2]

「你若釋放這個人，就不是凱撒的忠臣。」[3]

「除掉他！除掉他！」[4]

「真理是甚麼呢？」[5]

彼拉多絕非一個意志薄弱的人，他行事可以很果斷，看他那句「我所寫的，我已經寫上了」，[6] 多麼有權柄，絕不向猶太人的宗教領袖讓步。是的，彼拉多很認識自己所享有的權力，所以他向耶穌說：「你豈不知我有權柄釋放你，也有權柄把你釘十字架嗎？」[7] 他看人看事也「心水清」，知道一羣宗教領袖整死耶穌只是出於嫉妒。福音書有限的資料顯示，他有建立人際關係的能力，既懂得如何討好猶太人，設立在節期釋放囚犯的常例，又利用耶穌的加利利人身分與希律化敵為友。如果情況容許，他會盡量與人保持良好關係。

幾把聲音此起彼落，化作一團。我甚麼

都聽不到，只是後來，有一把聲音越來越清晰了，就像大水的聲音，宏亮而整齊，有點像萬口同呼「凱撒萬歲」時的聲音。然後，我就清楚聽到：

「釘他在十字架！」

得勝的聲音就是彼拉多的「真理」。對彼拉多來說，真理不是透過追尋獲取，而是通過害怕來體現的。因此，當他自己在眾多聲音中找到他最害怕的一把聲音時，就不再掙扎了，因為掙扎也無補於事，凡事總有代價，他自己是最清楚不過的了。所以，他明知耶穌是無辜的，但為了不去得罪猶太領袖，為了保住凱撒的忠臣的虛名，他就不再與良知掙扎了。不過，彼拉多行事的果斷是假的，他騙了人，也欺騙自己，這正是他可恥之處。看他與猶太人為處置耶穌一事討價還價，就知道他裏面的假仁假義。他以為自己算是盡過力幫耶穌求情，甚至主動提出用常例之恩惠釋放耶穌，自己就已經仁至義盡。最後，他竟當眾「金盆洗手」，自我宣告「罪不在我」，用虛假的禮儀去安撫自己，向羣眾發咒般地說一通話來為自己的罪開脫，透過一場自編自導自演的戲來清理自己心理的陰霾和良心的不安。這是不折不扣的一廂情願和自我安慰，這場戲也只是做給他自己觀看。一個有權有勢的人竟落得如此下場，無怪乎連羣眾也識穿他，並且同情他，答應著「他的血歸到我們和我們的子孫身上」。[8] 他們終能成為真正的主子，集體向彼拉多下令釋放巴拉巴，除掉耶穌。

彼拉多註定是個可憐的角色，他比猶大更可憐，因為猶大尚且用了一點自由意志去選擇；彼拉多，他是一個一直被人牽著鼻子走，為他人而活的人。

古今共舞

歷來都有很多像彼拉多的人，有權的，身不由己；沒權的，人在江湖。人生的真理，就定位於心裏的終極恐懼，而眾多恐懼中，又以「恐懼失去」最凶猛。擁有越多的人，其恐懼也越大，其中又以擁有權力的人，最能借助權勢來安撫其恐懼。最後，真正的主子就是能給予人權勢的一羣，而我們，或多或少都成為生態鏈中的其中一環。有誰清醒？有誰倖免？

對彼拉多來說，真理不是透過追尋獲取，而是通過害怕來體現的。

8
抹大拉的馬利亞

主啊！你在哪裏？

按聖經記述，抹大拉的馬利亞為了耶穌屍身失踪一事顯得異常憂傷。其實她不知道，主沒有失踪，且一直陪著她，正如她在主釘十架前一直緊貼跟隨他一樣。若問在耶穌死後，誰是最掛念他的人，那或許就是抹大拉的馬利亞，因為她是福音書記錄中第一個發現耶穌屍身失踪的人。當彼得和約翰兩個門徒發現耶穌屍首不見了而離開後，這婦人仍留下來哭。男人通常都視這等行為為軟弱或「婆媽」，又或是浪費時間或精神。不過，正因為馬利亞這種軟弱和「婆媽」，又或她浪費得起這種精神和時間，她成為首個在耶穌復活後得見他真身的人。反過來說，耶穌復活後選擇向一個被人輕看的女性作首度現身，這事件本身已經有很多令人反思的空間了。

據福音書所載，馬利亞哭過兩次，除了哭空墳外，先前曾為弟弟拉撒路之死哭過。後來，耶穌把她死了的弟弟救活過來。馬利亞對此事一定有極深的感受和體會，聖經記他們一家三口在家設宴答謝耶穌，賓客滿座，馬利亞為耶穌抹極貴的真哪噠香膏，又用頭髮擦耶穌的腳，擦得滿室幽香。馬利亞這種待客之道一定很不尋常，否則不會惹來門徒的非議。常人眼中的「浪費」，在耶穌眼中卻閱讀出另一重意義，他讀到的不是那些香膏的價錢，而是一個害羞而謙卑的婦人如何挖空心思，決意在眾目睽睽並惹人非議的情境下，向救了自己弟弟一命的主，呈獻她最深的感謝和讚美。這種呈獻的特徵是「展示」，它不能在暗室進行，而是近似戲劇，必須由「羣眾」透過共同的「觀看」來完成。馬利亞感情豐富，表達力強，從耶穌對她抹香膏所發出的評價，可見馬利亞捉到了主的心，在合宜之時做了合宜之事。

人們都喜歡拿馬大與馬利亞兩姊妹來比較。馬大常是給比下去，因為耶穌在路加福音的語境中對她們的評價對比鮮明。但也有後人為馬大說好話，盡力表揚馬大的飯食服侍所具備的價值。其實不必如此，聖經已清楚說明「耶穌素來愛馬大和她妹子並拉撒路」。[1] 我們無論是如何的人，主都愛了我們；我們所作的，主甚麼都知道，我們即使要為自己所行的說好說歹，又或粉飾和包裝一番，都不會改變它的本質。飯食又或紅白之事，神從來不輕看，只是當我們面對主時，又是另一回事。馬大選擇了給主一碗飯，而馬利亞則選擇給主時間。馬利亞擁有的，不但是選擇上好福分的智慧，更是一種極其細密的感受能力；她用心「閱讀」，用心「聆聽」，用心「感受」，正是她肯用心，她閱讀得比別人闊，聆聽得比別人多，感受得比別人深。又因為她用心回應和表達，每一次的表達都從心而發，所以她哭得自然，也「浪費」得理所當然。

一個不起眼的女人，卻一直捉摸到耶穌的心。沒有彼得那種海誓山盟的承諾，沒有保羅那種同死同活的宣告，卻默默跟在耶穌身邊，與耶穌心心相印，無怪乎耶穌稱她所享的福，是無人能奪去的了。

古今共舞

愛若是無價之寶，就不存在浪費這回事。因此，現代愛情故事也離不開燭光晚餐和昂貴的鮮花禮物。但有多少人看見，抹香膏事件背後的愛，重點不是極貴的真哪噠香膏，也不是豪奢的「浪費」，而是犧牲？犧牲貴重的珍藏香膏，犧牲個人的尊嚴，在眾目睽睽下作件常人看為愚不可及的事。今天，有人大筆大筆的花錢奉獻，亦有人獻出寶貴的時間投身很多事工，但若犧牲我們看為重於金錢的時間，只為進行於暗室裏，看不見的奉獻——與神單獨會面，這卻是現代信徒付不起的巨額投資。

抹大拉的馬利亞

又因為她用心回應和表達，每一次的表達都從心而發，所以她哭得自然，也「浪費」得理所當然。

9
抹香膏的女人

按福音書的記錄，為主抹香膏的人除了抹大拉的馬利亞之外，還有另一個女人。她是個無名的女人，我們只知道她是個罪人。其實，人人都是罪人，但福音書煞有介事地把一個人描述為罪人，這女人想必是個人見人憎、人們恥與為伍的人。她在聖經中沒有留下一句話，只做過一件事，就是為耶穌抹香膏。她抹香膏背後的心境，跟抹大拉的馬利亞大大不同。抹大拉的馬利亞呈獻的是感謝的香膏，為的是表揚；此女人獻的則是哀傷的祭，除了眼淚，她甚麼也沒有了，她背負的是別人的閒言和指指點點，因此比常人更需要愛。她為耶穌抹香膏的行動，表明她對一直向罪人和窮人施恩憐憫的耶穌，有一種極大的尊崇和極深的愛，她深知自己是個怎樣的人，她指望的是向耶穌表達尊崇和愛，並渴望得到憐憫和接納。

耶穌讀出這女人最深處的需要，他向她説出的第一句話——「你的罪赦免了」，立時釋放了她。耶穌測透人的心腸，他知道他這樣欣然接受這女人在他腳上抹香膏，對請客的西門而言是難以接受的，於是就主動向西門説了個故事，故意問他問題，再引導他去思想這個女人的行動。耶穌刻意比較西門與這女人的待客之道，並非要使這個法利賽人難堪而已，他的話要喚醒後來很多像西門這類直線思想型的衛道之士。西門眼中只有兩種人：聖人與罪人；耶穌卻透過一個比喻，巧妙地把這兩種人都歸進欠債人的類別中，進而把整個課題帶入高潮，視罪大惡極為豐厚的條件，能以悟通愛之真諦而進入至高境界。所謂「置諸死地而後生」，就是如此而已。一下子，罪大惡極者反成了得道者，豈不令人欽羨？

得道的人，往往是無心插柳者，因為人有所追求，自必用心，用心過度，心機算盡，倒有損自然，失去最原始和單純的意義。耶穌收納和憐憫罪人、窮人，並那些被社會撇棄的人，這些人身無長物，更具備得道之條件。他們成了人們眼中的渣滓，若以「欠債」的程度而論，他們屬於欠債極多的一類，也因此更有條件從債主那裏領受更多的恩惠，更明白愛，像這抹香膏的女人一樣。

人到了山窮水盡的時候，往往能在一念間悟通萬事，從而得到一直追求的一切。保羅在新約中可算為最有學歷的知識分子，他經歷了生命中種種憂患之後，開始明白這道理，說了這些語重心長的話：

> 似乎不為人所知，卻是人所共知的；似乎要死，卻是活著的；似乎受責罰，卻是不至喪命的；似乎憂愁，卻是常常快樂的；似乎貧窮，卻是叫許多人富足的；似乎一無所有，卻是樣樣都有的。[1]

世上沒有人會選擇一無所有，一無所有只能是一種逼不得已的景況。但若一無所有一登龍門，成為得道的豐厚條件，又可會令慕道者躍躍欲試？所謂一無所有，又是怎麼樣的一種心境？會否連那得道的熱心，和那藉以體現那道的身體和心智也要放下？

古今共舞

有些宗教講求慕道者的智慧和悟性，透過悟出當中的道理，而得到心靈的超越與滿足。基督教卻由始至終拒絕世間的智慧，甚至聲言：「神樂意用人所當作愚拙的道理拯救那些信的人」[2]、「主叫有智慧的中了自己的詭計……主知道智慧人的意念是虛妄的。」[3] 今天，不少現代信徒努力去為基督教信仰「裝身」，使其得體而親民，充滿現代人智慧，可是，他們會不會不經意地扭曲了信仰的真義，硬銷假貨？

抹香膏的女人

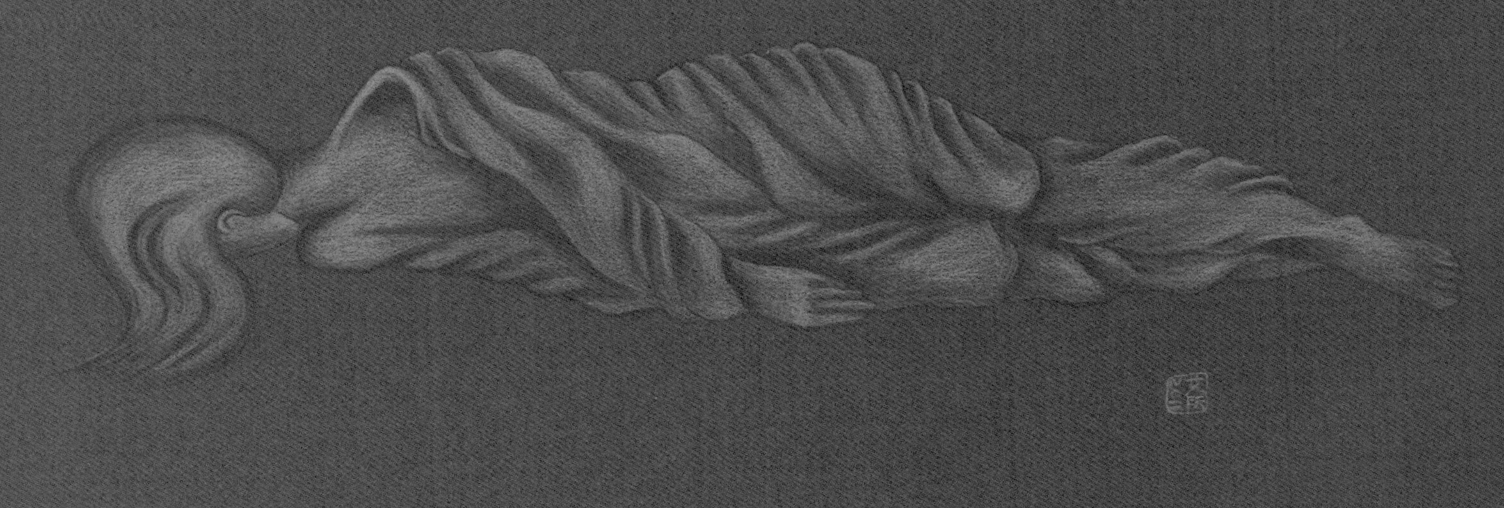

此女人獻的則是哀傷的祭，除了眼淚，她甚麼也沒有了。

10
使徒約翰

當我靠著主的胸膛，聽到自己的聲音：「主啊，賣你的是誰？」心中真的閃過一瞬的驚惶，我聽到有另一把聲音在微聲呼喊：「不要是我。」

這就是約翰。換上彼得，心裏聽到的自我呼喊必然是「一定不是我」。與彼得相比，約翰是個溫和派，沒有驚天動地的盟誓，低調得連名字也不要。整個約翰福音中沒有一個「我」字，當然也找不到「約翰」的名字。從現代世界的價值觀而論，約翰是個沒有鮮明性格特徵的人，也因此可以定義為「沒有獨特性」。他一生中，沒有做過甚麼好得令人激節讚賞又或差得令人齒冷髮指的事。或許有現代人不滿約翰那種刻意塗抹身分的表達方式，認為這是有點故弄玄虛。

是的，或許從世人的角度看，約翰不如彼得愛得剛烈，死得轟烈。因此耶穌把教會的鑰匙交給了彼得，沒有交給約翰。不過，值得思考的是，耶穌卻把唯一的母親交給了約翰，把自己在世上沒有好好完成的兒子的責任託付給他。耶穌知道他每一個門徒的恩賜與能力，有人在生命中要影響多人，他們的人生像一台精彩的戲，給世人觀看和模仿，他們身前身後，都有很多羣眾爭相一睹他們的風采，這些人註定成為英雄，造就時與勢。另外又有一些人，他們的「戲」平淡得多，沒有漫天璀璨的烟火，沒有賺人熱淚的悲歌。他們是無名的英雄，不比殉道的信徒少蒙寵愛；他們在神眼中自有價值，世人難以看透這些事。

因此，當彼得聽到耶穌的預告，説他要成為一台精彩的戲，為主受苦之後，就禁不住想打聽一下「耶穌所愛的門徒」的下場，好像一個人的結局或下場就是他一生的業績一般，看誰業績更理想。在整卷福音書中，彼得一直是個直線思想型的人，約翰記載彼得被耶穌服侍洗腳時，彼得先是覺得不配不許耶穌洗，繼而又要耶穌替他洗腳洗手也洗頭，以為這樣洗才與主有份。對於彼得這種與同袍比較的常人心態，耶穌作了一個簡單的回應：「與你何干？」[1]信息重點在於它先前的那句：「我若要他……」那是關乎主權的問題，無人有資格過問與質疑。

約翰寫下的福音，是四卷福音書中最獨特的。因此，馬太、馬可、路加三卷可以「共觀」，它卻不能。約翰沒有甚麼高深的學問，也沒有甚麼今天我們世界高舉的「個性」，但約翰福音卻是寫得最簡練、最內斂，又最深沉和冷靜的福音書，而且它把「道」闡釋得最通透和深刻，自成一路。或許正是因為作者做到「忘我」而進到寫作的「至高境界」吧！這都是平凡的約翰不曾想過的。可以猜想，約翰應該從不會想「我要如何為主拋頭顱灑熱血」，他想的也許只是：

要如何記下這許多有關主的事情呢？

古今共舞

我們的城市的成功典範，是名成利就；我們的年青人的偶像，是明星歌星。追求夢想、發揮創意、一鳴驚人，就是我們城市吹捧的新一代英雄特質。當人人都要當英雄或梟雄時，我們的城市再找不到默默耕耘與樸實無華的平凡人，也再沒有能忘我地獻出自己恩賜的人，這豈不是我們城市的悲哀？

使徒約翰

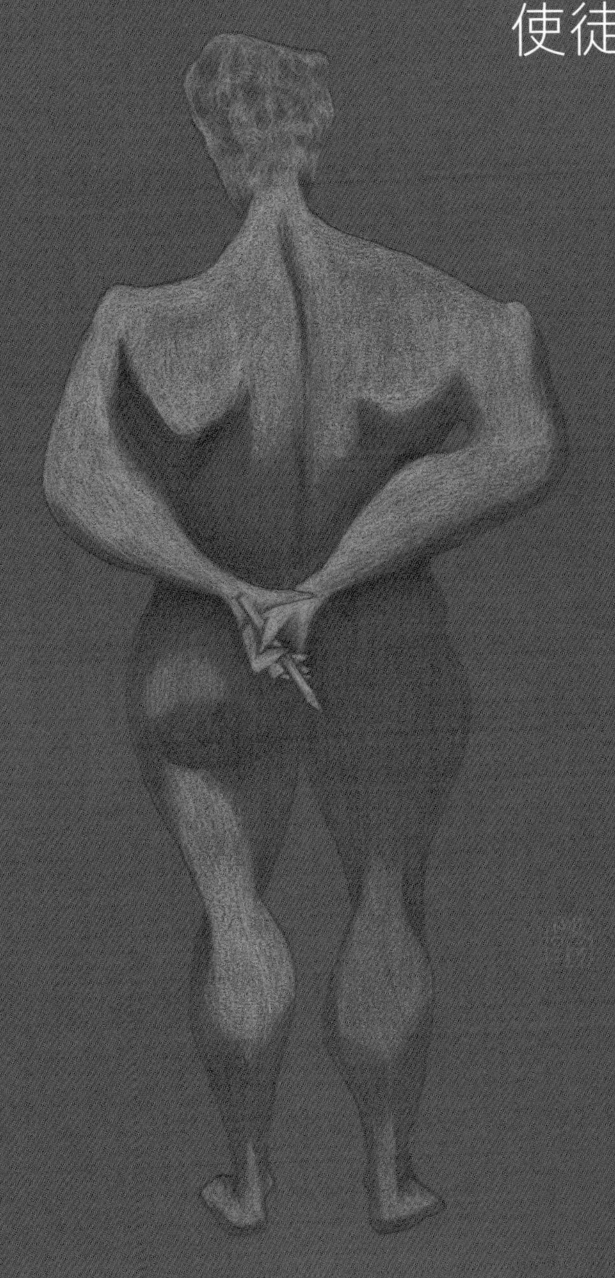

可以猜想，約翰應該從不會想「我要如何為主拋頭顱灑熱血」，他想的也許只是：要如何記下這許多有關主的事情呢？

11 格拉森一個被鬼附的人

我與你有甚麼相干？[1]

這格拉森人明明聽到聲音是從自己的口中發出來，卻不明白這話的意思；當他還在迷惑之際，突然聽到自己又發出聲音來：「我名叫羣」，他還來不及思索，就聽到很多不同的響聲包圍著他，他分不出聲音是來自人還是昆蟲還是野獸，之後就昏過去。

我醒來的時候，第一個感覺是……全身的筋骨酸痛，但我卻從未試過這樣愉快，也許是因為那些痛的感覺正提醒著我我仍活著，而我能清晰地知道自己活著，這感覺實在美好。

格拉森人的這種身體狀況，其實跟任何一個常人每日所經歷的一樣，只是那種痛感和清醒感對他而言都太陌生了，所以它們異常新鮮，使格拉森人格外興奮，情緒份外高漲而已。

我周圍的人都很驚惶，人們定睛看我，

像在觀看一頭怪物，我卻不再害怕他們的目光，因為心裏甚麼都明白過來。這許多年以來裏頭聽到很多的聲音，又或自己口裏出的很多話，今天都離開了，剩下我自己，我要說話就說話，並且說的時候，那聲音是我的聲音，那話是我心裏的話，我甚麼都知道和明白了。

旁人不能明白也是正常的，他們從未遇過被很多鬼充滿他們身體的經驗，也不能明白從神智不清身不由己思緒混亂語無倫次返回神智清醒我口說我心的狀況和心情。

他們央求耶穌離去，我的心卻催促我要跟隨他，因為他救了我，叫我有自己。

格拉森人口中的「有自己」，就是一個奴隸或俘虜被釋放，重獲自由的意思。奴隸本沒有自主權，他若「有自己」，就代表他可以決定做這事，決定做那事，不再是奴隸了。格拉森人心裏頭那個催促他跟隨耶穌的想法，正是他得自由之後第一個完全屬於他自己的意念，他就懇求耶穌讓他跟著，一起離開格拉森，耶穌往哪裏去，他也跟到哪裏去。

耶穌沒有讓他同往，反要他留下來作見證。格拉森城裏的人不明白整件事，他們雖一直有清醒的腦袋，卻沒有真正明白和知道，因此耶穌要格拉森人留在他的城裏作見證，傳揚耶穌的作為。格拉森人順服下來，他知道他今日擁有的自由是耶穌白白賜給他的，他知道他能有清醒的腦袋，能有這個想法，那個意念，都是因為耶穌介入他的生命拯救他，他還有甚麼可以報答耶穌？他已決定將自己的心思、意念、情感和意志呈獻給耶穌。只要還有一刻的清醒，他都會為耶穌作見證；只要還有一點的聲音，他都會用來傳揚耶穌。他既自願跟隨耶穌到遠方，又豈會不同樣順服留在一個小小的地方去作見證？他清醒地知道，去與留都是自己的決定，卻又不再是自己的意思了。

古今共舞

現代都市人過著豐富的物質生活，卻仍有很多人生活得不由自主，一切都不是自己的決定，也不是自己的意思，痛苦不已。這種狀況與羣鬼纏身不相伯仲。真正的自由是甚麼？它並不取決於你擁有多少財富和學識，也不在於你居住的地方有多大或多小。

格拉森一個被鬼附的人

也許是因為那些痛的感覺正提醒著我我仍活著，而我能清晰地知道自己活著，這感覺實在美好。

12
亞拿尼亞與撒非喇

我們只是一時出錯，且不是什麼大錯，就該這樣擊殺我們麼？

新約所有故事中，亞拿尼亞與撒非喇的事蹟一直是最富爭議性的故事之一。引起議論的原因是，人物性格與結局之間的關係太過出人意表。一個很多普通信徒也會犯上的罪——說謊，竟惹起神極大的怒氣，招來殺身之禍。人們不禁問，這等事不是歷世歷代的人，甚至信徒常犯的麼？若死是應有的結果，那今天不知要死多少人了。而這事件中的神，實在是太過可怕和不近人情！

是的，假若我們來當編劇，也許會給亞拿尼亞與撒非喇分配更多的對白（或許是讓他們向神大發一次脾氣，使讀者覺得他們罪有應得），讓整個故事能更具說服力，更與整本聖經（特別是新約聖經）裏神的性情相吻合。

或許連亞拿尼亞與撒非喇也不知道他們真正的罪名是什麼；這罪，簡言之，就是偽善（hypocrisy），是耶穌大罵法利賽人所犯的同一宗罪。若我們相信耶穌在世的喜惡完全或極大部分地反映著神的喜惡，那我們必會承認，法利賽人是神責備得最多和最不留情面的一羣，耶穌把他們的偽善比喻為「酵」，囑咐門徒要密切提防。

很多人一直不明白，為何淫婦、強盜、稅吏等這些以色列人非常厭惡的罪人，竟備受耶穌關顧，而耶穌對人們所尊重的法利賽人，卻從未顯示一點憐憫的語氣和態度。不過，這一點點卻又成了線索，去解釋亞拿尼亞和撒非喇突然暴斃的原因。

Hypocrisy一字源自希臘文ὑπόκρισις，意思是在戲台表演。它的本質與神信實無偽的屬性背道而馳。亞拿尼亞與撒非喇做了甚麼？他們演了甚麼戲？我們要對當時現實的「戲台」有更多認識，就須讀一讀他們故事之前的一段文字，使徒行傳四章32至37節。那是一個理想的社會，人們不分你我，把自己的東西拿出來一起共用，「沒有一人說他的東西有一樣是自己的」，「人人將田產房屋都賣了……照各人所需用的，分給各人」。然後，聖經馬上記下一個叫巴拿巴的信徒，他把田地賣了，把錢全都奉獻給使徒去作神的工。

這是幅很美的圖畫，美得我們現代人難以置信。共產主義所追求的，也許就是這個了。馬克斯很有洞察力，因為他看見了資本主義社會那種以生產物慾來運作的機制，只會不斷製造危機，但他沒有看到無產階級革命所追求的大同世界永遠無法實現的根本原因，是因為人的罪性。人的本質若是自私的，貪婪的，就永遠不能在一個舞台上無止境地表演無私與捨己，因為演員還是要脫下戲服返回真身，喘息也好，休養也好，他總不會因著演活一場戲而把他的本質改變過來。

亞拿尼亞和撒非喇看了這幅近乎完美的圖畫，也就不由自主地走上戲台表演；他們以為，在這美麗的大佈景板下，他們那一分奉獻即使小了那麼一點點，都不損全景的壯麗，這就是所謂排山倒海的羣眾力量造成的美麗錯覺，有點像幾十萬人在天安門廣場拿著毛語錄揮舞一樣，醒目的「紅簿仔」擺動著，鋪天蓋地，又有誰會看見內中幾本不是毛語錄，而是銀行存摺？共產主義固然是做到無孔不入，把有罪無罪的一律整治，寧殺錯莫放過；但演戲的亞拿尼亞夫婦竟忘記了，他們要欺騙的不是一個世上的機制或政權，而是那個無所不知又已居於他們二人心裏的神。歷史已經證明，有很多像亞拿尼亞夫婦的人，以為神是不看局部只看全景的。因此，這是註定失敗的理想社會。即使沒有亞拿尼亞夫婦，也必會有另一個欺哄聖靈的人物出現，被記錄在使徒行傳中。

然而，耶穌並非那麼狠心，拒絕拯救偽善的人（特別是法利賽人），他也曾在安息日到一個法利賽人的首領家去吃飯。又有法利賽人尼哥底母夜訪耶穌，耶穌與他大談永生之道。罪大惡極的保羅，耶穌死後仍要向他顯現，去挽回這剛硬的法利賽人（保羅自言就律法說，他是法利賽人）。[1] 神豈是真的對他們絕望？

歷史進入因信稱義的恩典時代，信耶穌的人得聖靈為印記，神的律法已刻在他們的心板上，人可以得著一個新的心，流露的生命是一個充滿耶穌榮光的生命，因為耶穌已經居於他們的心裏。一個有神居住在心裏的人若仍舊演戲，他就比未受聖靈的法利賽人更可恥了，因為他是披戴著基督去演出，把主也拉上舞台同台表演，不但是欺哄聖靈，更是褻瀆神。

今天，千千萬萬的信徒仍活在戲台上，只證明一件事——使徒行傳裏死了亞拿尼亞和撒非喇一事，並沒有使信徒真正害怕。那麼，人們一直喊著刑罰太嚴厲，又反映甚麼心態？會不會像昔日該隱殺死親弟亞伯後大發雷霆地咆哮：「我的刑罰太重，過於我所能當的。」卻不去正視自己所作的事，和了解到人自亞當以來所繼承的本性？如果亞拿尼亞和撒非喇的故事未能做到殺一儆百的效果，那它的真正意義又是甚麼？我想起魯迅在一封回答讀者的信中說過的話，內中表達他寫作時所用的方法，同時也透露了他對讀者的期望：

> ……我的方法是使讀者摸不著在寫自己以外的誰，一下子就推諉掉，變成旁觀者，而疑心到像是寫自己，又像是寫一切人，由此開出反省的道路。但我看歷來的批評家，是沒有一個注意到這一點的。[2]

肉身的死亡固然可怕，但這可怕又怎及得上靈裏的死亡那般荒涼與無望？

古今共舞

我們的經驗教曉我們，罪有大小之分，而所謂大小，就要視乎某罪行所構成的後果有多嚴重。一個美麗的白色謊言，又或不會傷害人的罪，其懲罰也應相對地輕。現代的法律也由此開出多種良方，來協助犯罪者用另類的方式脫罪，減輕刑罰。正是這種思維，讓我們今天不肯去正視邪惡力量的本質。

亞拿尼亞與撒非喇

因為演員還是要脫下戲服返回真身，喘息也好，休養也好，他總不會因著演活一場戲而把他的本質改變過來。

13
司提反

> 能這樣死去，我是歡喜也來不及，因為算是配為主的名受辱了。

司提反是新約中的殉道祖師，他是耶穌死後首位為了持守正道而犧牲的門徒。聖經極其詳細地記述他從被神抬舉到被暴徒用石頭打死的短暫一生。他的死揭開了歷史新一頁，從此，猶太教與基督教分道揚鑣，劃清界線。所謂「逼迫」一語，是從這裏開始頻密使用的，自己人逼迫自己人，自己人成了陌路人，甚至死對頭。

殉道的人都被稱為偉大的犧牲者，因為他們用自己的血來燃點後來更多殉道偉人的心靈，也用這血來建起革命的事業。然而……偉大是甚麼？人可以追求偉大麼？

> 我不認為自己偉大，我只是在做最自然的事。

這「自然」，叫人想起蘇格拉底因被控傳揚腐蝕青年的新神而飲鴆獄中的結局。結局雖殘忍，但卻與蘇格拉底整個人格和性情一致，他這樣的死法，對他本人或是一切認識他的人而言，都是極其自然的事。反之，若蘇格拉底沒有選擇這條路，一切便會顯得彆扭和怪異，這也就是所謂的不自然了。

然而，司提反這種含笑待宰的自然，並不是天生如此的，顯然是一種後天訓練而生出的能力。從這個角度看，偉大便是可以追求的「境界」了。我們假設追求偉大就是「追隨偉人的腳踪」，從使徒行傳中記述的司提反來看，司提反顯然積極地追隨了偉人的腳踪，因為耶穌被釘前的「十架七言」，司提反模仿了其中兩言——「求主耶穌接收我的靈魂！」「主啊！不要將這罪歸於他們！」[1] 這種模仿就如今日我們觀看電視節目那些極危險的高難度表演時，螢幕上總會出現警告字幕——「未經訓練，請勿模仿」。可見，這種「追求」所涉及的境界或是難度，都是超乎常人能力，且是極危險的。然而，人若心嚮往之，又鍥而不捨，還是成功在望的。

可是，偉人之所以被稱為偉大，又豈只是求則得之？偉人總在庸眾中鶴立雞羣，成為當權者逼迫的對象，備受嫉妒與猜疑。這時候，偉人的位置就顯得被動，他註定是等著那要來臨的追捕和殺害，以完成他偉大的事業。能在庸眾中遺世獨立，自然是非凡之輩；司提反使當權者感到受威脅，是因他有極出眾的辯才，聖經形容那是人「敵擋不住」的才智。這時，便有人買出假見證來陷害他；一切偉人都必遇上這種凶險詭詐的陰謀。

接著，使徒行傳用了一整章篇幅，詳盡記錄司提反向當權者陳述的一篇最長的演辭。所有讀者讀畢這演辭後，都不得不佩服司提反對以色列的歷史，並對神在這歷史中的作為，掌握得非常透切和準確。司提反對自己所處身的位置也非常清楚，且對自己作為一個知識分子所承擔的使命，有一種過人的熱忱，力陳真理，不畏強權。一個瘋子無論說得多動聽，也不會使當權者感到受威脅，他頂多只能主動追求一點偉人的遭遇，但這種偽追求既是人為的設計，自然難於引發偉人必經的死路。所以瘋子的死是不會叫人惋惜的，因為他是瘋子，他所言所行都沒有意義。再觀司提反，因為他說出的是真理，才使當權者出現「極其惱怒……大聲喊叫，摀著耳朵」[2]的失控行為，最後竟動殺機，不殺戮不能安息。

如果被嫉妒、被逼迫、被殺害是偉人必要經歷的被動過程，那麼，司提反可說是個不折不扣的偉人，因為他既採取主動追隨偉人腳蹤，又清楚理解自己在被動受害的過程中的角色。他認清自己在羣眾中的位置，堅持住這個結構；他深知他若堅守自己的位置至死後，整個結構將會坍塌，而坍塌誓將帶來震動，就是心靈的撼動，靈魂要甦醒，即使這種甦醒並不長久，仍是值得的。

殉道者的血要繼續燃燒一個個沉睡的靈，他們的血也要澆奠在真理的聖壇上。

古今共舞

基督教的終極權威是誰？教會的機制、神職人員、傳統等等權威，都需要我們不斷的檢視和反思。歷史證明，每一次流血，都喚醒多人的靈魂。今天，不少信徒甚至領袖盲目地接受他們被教育的一切，毫無保留地向權威傾斜，這反映甚麼？

司提反

他認清自己在羣眾中的位置，堅持住這個結構。

14 撒迦利亞

十個月後，我才首次明白到人能開口說話，實在是一件何等幸福的事情。

這是一個一直忠心事奉神的老祭司在一次既可喜又可怕的經歷後發出的心靈獨白。神在一瞬間既應許賜下孩子，又奪去一個人的言語本能。兩件事都是奇聞。老婦能生子是因為先前的「祈禱」，而祈求以先必須相信；至於失去語言能力的原因，據聖經所載，是因為「不信」。我們很難明白為何人會因信而祈求，又因願望成真而「不信」；但更難明白的是為何神因人的信賜下敢於祈求的說話，又因人的不信「收回」語言能力，彷彿語言是信心的表徵，不信就應該不再發言一樣。或許神是看穿了撒迦利亞，他的一張嘴既誠心祈求，又出言不信，充滿虛謊，所以索性不讓它說話。

這裏出現一個值得思想的課題，就是語言和信念之間的關係。人們普遍認為，人的口和心應該是一致的。一個人即使故意用言語掩飾其內心，他的言語仍會流露出真相來。同理，若有人連自己也欺騙，無知地表述以為自己相信的道理，他所說出的話語便會與其人的內心產生對話（我們假設這對話是個隱喻），正是話語經不起心靈的拷問，才顯得疲憊和蒼白。我們因此可以憑語言的血色和脈象診斷心象。

例如馬利亞，面對天使宣布她將奉子成婚的驚天大信息，出奇地平靜。一個弱質女子竟能從容應付一個如此震撼、附帶著無數沉重的輿論和凝視的信息，實在叫人佩服。據馬太福音記載，馬利亞聞訊後所說出的話：「我是主的使女，情願照你的話成就在我身上」，所暗示的是一種「周公吐哺」式的雀躍之情。當馬利亞為自己的聖胎暗自歡喜，安然等候時，她的未婚夫約瑟卻因風聞未婚妻已有身孕，正打算暗暗休妻。最後，因天使向約瑟報夢，事情才得以解決。從馬利亞的表現而論，一個平庸的弱質女子所反映出的信心和智慧，更勝一個經常在聖殿出入，作神人中介的，具豐富經驗和屬靈權威的祭司。

言語反映內心。撒迦利亞的言語得罪神，引致語言能力立時被褫奪。他說了甚麼？問題出在哪裏？

> 我憑著甚麼可知道這事呢？我已經老了，我的妻子也年紀老邁了。[1]

一條問題加兩個直述短句，洩露了撒迦利亞內心的空虛和荒涼，他那絕望心靈裏的虛空，密密麻麻地填滿了現實中各種矛盾和混亂。世上沒有一種言語比重述客觀現實狀況更絕望和虛妄。正是這種虛妄的言詞，把一個一直用祈禱的話語擠出信心的祭司的內心顯露無遺。

我們相信，當撒迦利亞失去了外在的語言能力時，仍不斷地說話，只是說在心裏，成了不折不扣的獨白，一種心靈世界的語言。這種語言只說給自己的心靈聽，也因此是最真實和可信的言詞。當聽眾只剩下自己的心靈時，人往往在那裏找到神，因為神把耳朵貼近一切真摯和誠實的心門。正是懷胎十月的失語期，使得撒迦利亞重獲一顆單純的信心，當失語期屆滿之日，聖經記載撒迦利亞的口立時開了，說出的話都是稱頌神的，接著又發出預言，創作了一首讚之歌，一言一語便開始與一個被更新的心靈攜手翔舞。那個曾被現實生活銷蝕的心靈，終因失語而得淨化，洗去一切久附其上的絕望的虛空。

凡事都有定期，天下萬務都有定時……靜默有時，言語有時。

古今共舞

經驗豐富的人，能從另一個人的談吐，看出對方是個怎樣的人，他有沒有自信，人際關係是否良好，性格是否開朗等。有說資深的信徒有一套純熟的禱告用詞，在公禱時總叫人讚嘆，但在神眼中，卻是陳腔濫調。

撒迦利亞

當撒迦利亞失去了外在的語言能力時，仍不斷地說話，只是說在心裏，成了不折不扣的獨白。

15
感恩的痲瘋病人

我不明白，醫治我的明明是那稱為耶穌的人，為何他卻說，是我的信心治好我的病？

這並不只是個神學問題，且可以上升到哲學的層面。疾病得醫治的關鍵不是外在因素，例如醫生、藥物、天氣等，反而是患者的思想態度，它完全掌控了醫生和藥物所生發的效果。施行救治者的無上權威與能力，竟受病者的信心約束。這幾乎使人覺得它有點像遠古歐洲童話故事，巫婆用蜥蜴、癩蝦蟆、蛇蠍等來胡亂泡製成毒湯，泡製時還要唸些咒語。現代人不易相信這類故事中的「偏方」，因為它不符合經典和正統；用現代人的說法，它不科學、不理智，不合乎邏輯。

現代人相信權威，只要是專家，就有知識，有知識就等於有能力。耶穌當日是以「神的兒子」和「先知」的身分去治病，他沒有用過藥物，只是曾有一次，在醫治一個瞎子時，先吐唾沫在地上，用唾沫和泥抹在瞎子的眼睛上，然後吩咐他去西羅亞池子洗眼。至於其餘的所有醫治過案，都是藉發出言語或命令，使病離開患者身體。用今日的眼光來看，是非常不科學，像到處行騙的神棍。更不合邏輯的是，這些不科學的方法和沒有份量的言語都奇蹟地治好患者，於是求醫的人更多。可以想像，一些比較理智的知識分子，一定無法忍受這等江湖騙子被無知小民簇擁時的奇觀。而事實上，那時的猶太宗教領袖已忿忿不平，正部署剷除耶穌。

我還記得那次我們十個病人遠遠望見耶穌，都沒有走過去。我們已聽聞這耶穌醫好過很多病人，於是就大聲喊他。是的，我們已習慣邊走邊喊：「不潔淨了，不潔淨了！」好讓人們遠遠聽見，就有足夠時間躲避。耶穌卻沒有走開，他站著看我們，然後吩咐我們直接去見祭司，讓祭司檢查。我們十人面面相覷了一會，就出發了，一踏步準備往祭司那裏時，長痲瘋的紅肉就開始變白，那時我真想停下來仔細看清楚，但心裏實在很渴望快點到達祭司那裏，因為他一確定了我們為潔淨，我們就能重獲自由，不再被隔離了。

十個痲瘋病人都極其渴望掙脱痲瘋病的轄制，他們沒有仔細想到，為何沒有被醫生望聞問切，只聽了耶穌一句話然後動身踏步出發，就能立時康復。如果他們有多一點的理智和知識，像那時的法利賽人，就不會幹這等不科學不邏輯的事。如果動身開步走這個行為真的反映了信心，而不是愚昧無知，那麼耶穌用的偏方就生效了。可是，信心與無知，有時也是一線之差，關鍵在於被投放信心的對象是否騙子，多於投放者的智慧，因為專業的騙子是可以設計出精密和高超的圈套，使那怕是智慧人也深陷其中。

我回去找那耶穌，因為很想向他說聲多謝。我本來已沒有指望康復的，但因為他，我實在得著醫治了，他沒有收過我一分一毫，我無論如何也要親口多謝他！

十個痲瘋病人裏，只有此人回來道謝。他是真心相信自己得醫治是因為耶穌，而非巧合，他經歷醫治的整個過程是由見耶穌始而以見祭司終，這療程的時間是由耶穌的位置走到祭司的位置的路程。此痲瘋病人的信心，正反映在他的歸回與感謝，這是耶穌自己也親自確認的。耶穌驚異於十人中只有一個外族人回來道謝，話裏暗示十人中必有猶太人。但本族人也好，外族人也好，其餘九個人並沒有表達完整的信心，他們關注的是要康復，任何一個庸醫或騙子說的話，只要能治好他們，他們都願意聽，而治好他們的耶穌，對他們而言，是誰都不重要，只要能康復過來，巧合也好，神棍也好，他們並不打算認真去深究了。他們沒有回來感謝耶穌是很自然的事，因為他們根本忘記了他。

真正的無知，乃在於此。

古今共舞

感恩、信心、醫治，三者的關係是甚麼？以感恩的心過活，正是表明一個人將生活中一切領受的禮物，歸因於從外加給他的他者，他的感恩證明了他所相信的真理，而他所相信的真理，亦促使他繼續感恩。

感恩的痲瘋病人

如果動身開步走這個行為真的反映了信心，而不是愚昧無知，那麼耶穌用的偏方就生效了。

16 馬利亞

有時，我巴不得他只是個普通人，那我就能用母親的權柄去阻止他步向死亡。有誰會看著自己的兒女受害而不設法阻止？

馬利亞一生承受的痛苦，人們只能想像，卻永遠無法明白。一個平凡的女子，被揀選成為神兒子的肉身母親，奉子成婚，負起生養的責任，並要親自目睹自己的兒子如何被害受死，擔當世人的罪。這樣的女子，正如西面所言，「心要被刀刺透」，她把自己的孩子生出來的目的，似乎就是為了日後看著他死，且死得恐怖，死得殘忍。她雖知道自己是耶穌的母親，但她沒有運用這母親的權柄去干預或阻止甚麼，因為這兒子既是「人之子」，也是「神之子」。

……他不只是我的兒子，且是我的主……

馬利亞其實並不是個平凡的女子。從遇見天使知道自己將要奉子成婚，及至跟隨兒子上各各他，親自見證兒子的死，馬利亞一直都顯示出驚人的冷靜和沉著，沒有一般母親呼天搶地歇斯底里的反應，這是一種獨特的素質，必然或多或少地遺傳到耶穌身上。其實，馬利亞和耶穌這兩母子，都背負了雙重的身分。馬利亞既有母親的權柄，卻要稱自己的兒子為主；耶穌既披戴神兒子之名拯救罪人，包括自己母親馬利亞，同時又受著肉身的限制，要順服母親。早在十二歲的時候，耶穌已經為了留在耶路撒冷聖殿或跟隨父母回拿撒勒的問題而面對兩難。耶穌最後選擇順服父母，據聖經所載，部分原因是「他們不明白他的話」。及至迦拿婚宴，當時已經三十歲的耶穌行了第一個神蹟，把水變為酒，從整個聖經描述來估計，耶穌有為順服母親而行此神蹟的成分。身為人之子的耶穌，不能完全漠視人世間很多所謂人情世故。因此，很容易理解，耶穌在十架上雖然深知自己快要歸到天父那裏，卻仍不能放下肉身的母親，離世前把她交託給門徒約翰，才走得安息。

他被捕那天，我一直在人羣中尋找他；雖然瞥見了他，卻無法跟他說一句話。及至看著他釘在十架上，他也沒有望我一眼，他是故意迴避，好讓我和他也能清醒和冷靜一點。我沉默著，順服著我的主，但心卻如刀割，他始終是我的兒子。

……他終於叫了我一聲，在他離去之前。當我要好好望一望我的兒子時，他卻要我看他的門徒，我就明白他的意思。他是擔心我，恐怕我因失去他而傷心過度。

一個體貼母親的兒子，雖然不能盡兒子本份奉養母親到老，卻像所有孝子一樣，把母親交託給最信任的人。他雖然死了，但三天後，竟復活了，使一切傷心的人又驚又喜，重獲希望。一個剛嘗喪子之痛的母親，得聞兒子屍骨未寒，竟又復活過來，如鬼魂一般到處出沒，向世人顯現，那是怎麼樣的心情？這世上，再沒有第二個人經歷過這等事情。

他走了。但他又回來了，住在我們當中。從今以後，我要以我的兒子為榮，因為我的鄉鄰、我們以色列人，並所有蒙神揀選的外邦人，都要呼喚我兒子的名字。因為唯有透過他，人才得見神。

我的心雖已被刺透，但我知道，我必要再見我的兒子，我的主的面。

古今共舞

再沒有甚麼比親自目睹孩子受害受死更難受。

我們的國家，也有很多這樣的母親……

但願不再有白頭人哭黑頭人！

馬利亞

她把自己的孩子生出來的目的，似乎就是為了日後
看著他死，且死得恐怖，死得殘忍。

17 耶穌

原來，當人面對苦難與死亡，即使有父與他同在，那種恐懼的感覺卻是何等真實，何等可怕。

一個原本是神的神，故意成為人，接受人的限制，製造作為人的記憶，除了完成救贖的計劃外，更為取得人的認同；透過增加神的人性，使人有能力超越苦難和死亡。人的頭腦很難完全明白，究竟一個無所不能的神怎會同時經歷恐懼和軟弱的時刻。耶穌怎樣既神又人地處理自己的身分？他知道自己只要向父神求，必能避去釘十架一刧，但他也很清楚自己活了三十多年，就是為那一刻的來臨，他求父挪去苦杯，卻已心裏有數，難逃刧數。那麼他為何仍要求神把苦杯挪去，然後又煞有介事地說「不要成就我的意思，只要成就你的意思」？

向父祈求的權柄已經賜給一切屬神的人，我一定要用。沒有求過，我又怎知完全不可能呢？只是有些時候，父要人迎接苦難，不是逃避。如今，我真實地體會到人在面對苦難或死亡時，不須強作振定和堅強了。而將來，我就能搭救一切同樣受試探的人。

試探，對於信耶穌的人一點也不陌生。很多信徒面對撒但的誘降，一點還擊之力也沒有，原因各種各樣；當然也有得勝的信徒，他們仿效耶穌的榜樣，表現出超乎常人的忍耐和信心，迎向苦難甚或死亡。

還記得施洗約翰給我施洗後，我裏頭有了一種異乎尋常的靈力，對父的心意和經上的話都有了一種嶄新的認識。那四十晝夜的禁食，更使我感到與父前所未有的親近，撒但的試探雖猛烈，我裏面卻有著一種堅固的信心。

面對擺在前頭的十架死路，已經曾經滄海、嘗盡人間冷暖的耶穌，會否憶起一點他初出道時的得勝凱歌？事隔三年，心境卻老了三十歲，所言所行都添上一分滄桑感，這時的耶穌，終於要直面死亡。雖清楚榮耀與勝利等在前面，但受刑受死的恐怖感仍是徹骨地真實。正是那些曾經滄海的日子，那種用血與淚賺取的滄桑感，讓耶穌明白了作為一個人所承受過的無奈與苦澀，和一個有信心的人在面對極級考驗時的蒼白與無力，這「明白」使他成為所有後來走在苦難與死亡邊緣者的盼望。耶穌活過的一生，正是用行動來書寫神向人傳遞的一句話：「我是明白的，因我已親身經歷過了。」當然，這句話的背後有更重要的思想和內容支撐著整個救贖神學的結構，例如神愛世人、父交出獨生子成就救恩、耶穌復活得勝罪的權勢等等。

面對試探感到無力，憂傷難過，企圖妥協，原來是多麼合乎人性的事。耶穌示範了作為人在面對考驗時的自然反應，盡顯人性的軟弱，卻同時展現人性的光輝。原來在生命線上的某一點時，人性往往存在著兩個相反的可能性，它或是向上展現神性，或會下降流露獸性，都是在於一念的決定。人有潛能成為美善，展現神性；也可以變得邪惡，淪為禽獸。追求兩者都需要勇氣，通過不小的內心掙扎，然而結果是展現神性的勇者被列為千古英雄，展現獸性的勇者則被稱為無恥之徒。這是從古到今的歸類法，世界無論如何地變，這種歸類法大致不變，可見人性仍大體有這兩種的發展傾向。歷史的進程已不斷向我們示範和展示人可以有多邪惡、多獸性，因為無恥之徒是永不會消失的，每個時代的人也能在他們的身邊找到人版作參考，而成為其中一分子所需要的勇氣也相對地小。耶穌來，以神兒子的身分親自示範了最高難度又無可取代的人性中的神性，這示範不單是一個示範，作後來的人的參考和榜樣，更重要的是，它成為一個取得某種合法性的印記，一切屬神的人可以藉著信心，而不是考核，取得資格，成為神國的會員，即時獲得權柄去求取展現神性的能力。這能力是外加的，人不用單靠意志，可以憑外加的力量而使內在的潛能發揮到極致。

我實實在在的告訴你們，我所作的事，

信我的人也要作，並且要作比這更大的事。[1]

古今共舞

人落在軟弱中，不得已作出不該作的選擇，這大概是每個人都經歷過的掙扎。中國儒家思想教人在生義兩難存的時候「捨生取義」，並認為這種情操非賢者獨有，而是人皆有之。兩難有多難，它沒有多說，只從認知的層面著墨，闡明人有所欲亦有所惡，所以分清所欲所惡的不同層次，就自能做到。基督教的神，卻如此煞有介事地把人在軟弱時的掙扎進行細部分析，並透過其獨生子耶穌的實例作示範，意義何在？今天，我們生命中出現的各種試探與考驗所帶來的掙扎和軟弱，對我們有何價值？它們的價值只在我們自己？時值只在今生？

耶穌

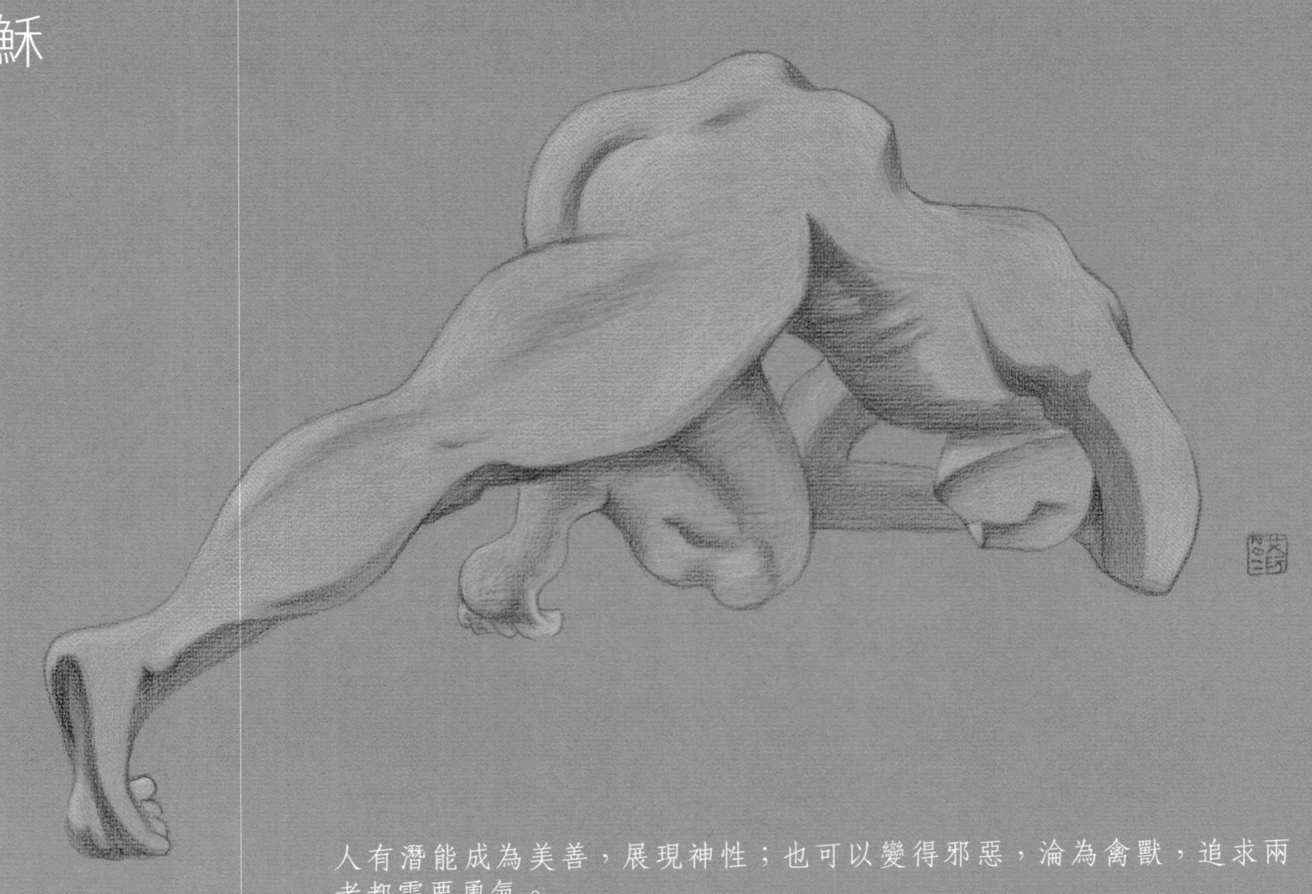

人有潛能成為美善，展現神性；也可以變得邪惡，淪為禽獸，追求兩者都需要勇氣。

跋／黃子平

大約十年前，艾阮從紐約回來，除了完成她在哥倫比亞大學進修半年的學業，還交給我一大疊手稿，算是另外的作業。這份手稿的體裁很難界定，既非聖經故事的現代文學改寫，也不是對聖經人物的深奧的哲學思考，更不是常見的普及教義的勵志小冊子，但在「以上皆非」的同時又「以上皆是」。無以名之，當時暫定為「聖經人物札記」。

在變幻莫測的世紀之初，在紐約那個寒冷的冬天，艾阮夜讀舊約和新約，翻捲書頁，彷彿觸摸到亙古常新的微弱的歷史脈動。在新一輪太平盛世繁華榮景後面，洪水，瘟疫，兄弟相殘的刀光劍影，正隱隱閃現。（艾阮回到香港兩個月，她剛剛遊歷過的世貿雙塔，轟然倒塌。）這種莫名的悸動與感受，很難納入現成的體裁來表述。太陽底下無新事，今月曾經照古人。艾阮的札記嘗試用代入人物第一身的敍事方式，展開人物的內心獨白，將古人顛沛流離的世間遭遇，天雷轟頂的靈魂撞擊，加入她的思索與體驗，重新帶到讀者眼前。

故事情節因早為人們熟知而顯得不再重要，艾阮最關心的是睜眼「看見」的那個瞬間。亞當從沉睡中醒來，眼前一亮，給她起名叫「女人」。以利亞抱起體溫漸暖的孩子說：「看哪，你的孩子活了！」大衛仰望星空，數算，還是不數算，這是一個問題。生來瞎眼的人說：「我在西羅亞池洗去抹在眼上的泥土時，從那墨黑的水中看見一個倒影，身邊的人告訴我，那就是我自己……」在去大馬色的路上，一片強光使保羅瞎了三天，三天後睜眼已成新人。而懷疑論者多馬則堅持，一定要眼見手上的釘痕方為實。因此，「看見」就不僅僅是感官生理的，而且是靈性的，是神的旨意在歷史縫隙中閃現的時刻。

與此相通的是聲音與言語。上帝在旋風中回應約伯，劈頭便問：「誰用無知的言語，使我的旨意暗昧不明？」言語是遮蔽，言語又是敞明。摩西一次又一次拒絕承擔向眾人宣講神旨的使命：「主啊，我素日不是能言的人，就是從你對僕人說話以後，也是這樣。我本是拙口笨舌的。」他彷彿預知了先知們的宿命，他們的亂世危言一一應驗，嘔心瀝血哀歌如泣如訴，卻無一人相信。與此相反的是眾人的喧囂：「釘他十字架！釘他十字架！」然後耶穌說：「成了！」言語是行動，是行為，自我在言語中生成，世界亦然。

艾阮關注的重點還有記憶與遺忘。約瑟從眼前與回憶交錯組成的光影之中瞥見了上帝。彼得三次不認主，為什麼要三次之多？記憶涉及了重複與差異。可以寬恕，不可以忘記。「只有上帝可以既原諒又忘卻」，但上帝的忘卻與凡人不同，指的是將罪惡者從永生簿上除名，讓他註定永遠消失。忘卻是一種忽略而不是決定，因而不是寬恕。記憶與「關愛」相連，關愛就是在意，在乎，關愛是通過記憶來起作用的。記憶不僅僅是「知識」，而且是「感受」，感同身受。艾阮在十年後加寫「古今共舞」，正是為了喚起今人的感同身受。

十年後的更重要的「加寫」是艾阮為每一章節畫了插圖。單色粉彩是艾阮最得心應手的藝術表達，借鑒她所喜愛的雕塑家摩爾的變形手法，人物心靈的掙扎與順服經由肢體面容的曲折呈現。這一幅幅插圖表達了比文字更豐富的意蘊，因而是可以單獨欣賞「閱讀」的。當這些圖畫加進來的時候，原來似乎鬆散的整本書突然成型，生動地站立起來。十年前並不為出版而寫的手稿，頓時有了出書的必要。

於是，艾阮索序並要求幫她想一個書名。重讀書稿喚起我許多回憶，我建議用《行在地上》作書名，並寫了一點文字放在後面算是「跋」。

黃子平

2011 年 6 月 13 日於中關園

黃子平，現任北京大學中文系教授。

後記及鳴謝

十年前寫作這些文字，從未想過出版。那時在紐約，只是因為晚上讀聖經，不知不覺進入了古人的世界，又代入了那些人物的心境，禁不住要寫幾句，或是為他們吶喊一聲，或是對他們揶揄一下，往往捨不得睡覺，寫作至兩三點才肯罷休。如今回想，那是一種沉醉。昔日出發往紐約前曾向神祈禱，希望孤身上路卻能在異地與祂共度蜜月時光，祂用奇妙的方式應允了。寫作的過程記錄了自己與聖經人物相遇的感受和交流，並這交流引發的思考與反省，因此，這些文字仿如一張張與戀人於異國蜜月景點拍下的照片，成為戀人美好回憶的檔案。蜜月之後那十年，我的生命又成長了，更有機會在神學院受訓三年；因此，十年後的今日再重讀這些人物，對他們的理解有部分已經不同，例如雅各的妻子利亞，《和合本》的翻譯是「利亞的眼睛沒有神氣，拉結卻生得美貌俊秀」（創二十九 17）。如今，不少譯本已為利亞平反，《新漢語譯本》的翻譯是「利亞雙目溫柔，拉結卻形態容貌都俊美」。這些差異當然是源於兩個更遠古更具權威的譯本，但對我的意義，它不是一種對與錯、優與次的問題，而是昨日的我跟今日的我與古人相遇的不同經驗，那種曾經有過的感受，和對人生的觀察與反省，都有神的臨在，這是寶貴的記憶，值得珍藏與回味。

此書得以順利出版，實有賴許多前輩和師友的幫助。

文學與神學上的兩位老師黃子平教授與黃嘉樑教授惠賜跋序外，他們的教導為我開闢了一片廣闊的天空，使我能與古人翩翩起舞。黃子平老師更為此書命名，於出版過程中多番鼓勵，給予意見。在申請藝術發展局資助和出版事宜上，出版界前輩羅國洪先生給了我很多寶貴意見和幫助。另外，朱少璋博士在出版過程中給予種種的指教和鼓勵，還有周晉博士在繪畫插圖上的意見，好友沈怡菁小姐在聯繫出版社方面的協助，丈夫錦騰一直的愛護與支持，在此皆衷心感謝。

一直想在匆匆的人生做些有意思的事，若不是神的同行，並賜下不同時段的同行者，實難以完成；願以這小書留下鴻爪，無負所學，報答與我同行的天父，並我在地上的同行者。

註釋

（一）舊約

1 亞當（創 2:18-25，3:1-12）

1. 創世記 3 章 12 節。

2 雅各（創 25:27-33，27:1-17，29:18-27，31:36-41，32:3-11、22-30）

3 拉結（創 30:1-8、22-24，35:16-19）

4 利亞（創 29:16-35，30:9-13、17-21）

5 以利（撒上 2:12-17、22-34，3:1-18，4:14-18）

1. 撒母耳記上 2 章 29-30 節。
2. 撒母耳記上 3 章 18 節。
3. 這「救救孩子」的呼籲，昔日魯迅在《狂人日記》篇末早已發出。魯迅藉此小說中狂人的日記，表達了中國吃人的禮教為一代又一代帶來悲慘的命運。

6 瑪土撒拉（創 5:21-29，6:5-10、13-14）

1. 這裏的內容參考了典外文獻《以諾書》和《雅煞珥書》。

7 該隱（創 4:1-16）

1. 創世記 4 章 9 節。
2. 創世記 4 章 13 節。

8 約伯（伯 1:1-3、6-22，2:1-13，3:1-4，38:1-4，42:1-6）

1. 約伯記 1 章 21 節。
2. 約伯記 2 章 8-10 節。
3. 約伯記 3 章 1 節。
4. 約伯記 6 章 10 節。
5. 約伯記 7 章 17-19 節。
6. 約伯記 10 章 13 節。
7. 約伯記 13 章 25 節。
8. 約伯記 38 章 2 節。
9. 約伯記 42 章 6 節。
10. 約伯記 2 章 8 節。
11. 永劫回歸是一個哲學概念，認為宇宙不斷自我重複，亦將在無限的時空中繼續這重複。此概念源於印度哲學，後來出現在古埃及畢達哥拉斯哲學和斯多葛派。最後，尼采又重新沿用這概念，認為人生是命運無限的輪轉，他用此概念來詮釋神離開後人在這世界活動的狀況。

9 亞哈（王上 18:17-40，20:13-14、22-23、28、41-43，21:1-10、21-29，22:7-8、29-38）

10 以利亞（王上 17:1、8-24，18:20-40，19:1-8）

1. 列王紀上 18 章 27 節。
2. 列王紀上 17 章 1 節。
3. 列王紀上 17 章 23 節。
4. 列王紀上 19 章 5 節。
5. 列王紀上 19 章 4 節。

11 掃羅（撒上 9:2，10:9-10，13:8-14，18:5-16，24:1-15，26:7-20，28:3-7、11-20，31:2-4、8-10）

1. 掃羅不滿羣眾說：「掃羅殺死千千，大衛殺死萬萬。」見撒母耳記上 18 章 6-8 節。
2. 撒母耳記上 28 章 19 節。

12 大衛（撒下 24:1-17；代上 21:1-17）

13 夏甲（創 16:1-11、15-16，21:2-21）

14 約拿單（撒上 14:24-34、39、43-45，18:1-4，19:1-7，20:1-42）

1. 撒母耳記上 14 章 44 節。
2. 撒母耳記上 14 章 45 節。

15 撒拉（創 16:1-6，18:9-15，20:1-2、18，21:1-10）

16 亞伯拉罕（創 16:1-3，21:9-14，25:1-2）

17 羅得（創 13:8-13，19:1-17、23-38）

18 約瑟（創 37:1-28，39:1-21，40:5-23，41:1-8、14-57，42:1-3、6-9、18-25，43:1-2、26-30，45:1-8）

1. 創世記 41 章 51 節。

19 以斯帖（帖 1:1、3-5、10-12、16-19、2:16-17、20-23，3:5-13，4:4-16，6:1-10，7:1-6，8:1-12）

1. 以斯帖記 4 章 14 節。
2. 以斯帖記 4 章 14 節。
3. 以斯帖記 6 章 1 節。

20 摩西（出 2:11-15，3:7-18，4:1-8、10-15，32:30-33；申 9:25-29）

1. 出埃及記 3 章 11 節。
2. 出埃及記 3 章 13 節。
3. 出埃及記 4 章 1 節。
4. 出埃及記 4 章 10 節。
5. 出埃及記 4 章 11-12 節。
6. 出埃及記 4 章 13 節。

21 法老（出 7:8-13、19-21，8:5-6、16-17、20-24，9:6、8-10、15-17、22-23，10:12-13、21-23，11:1-3，12:29-33、40-42，14:21-23、26-29）

1. 出埃及記 5 章 2 節。

2. 出埃及記 7 章 9 節。
3. 出埃及記 8 章 8 節。
4. 出埃及記 8 章 25 節。
5. 出埃及記 9 章 27-28 節。
6. 出埃及記 10 章 28 節。
7. 出埃及記 9 章 15-17 節。
8. 馬太福音 16 章 4 節。

（二）新約

1 生來瞎眼的人（約 9:1-12、35-41）

2 保羅（徒 8:1-3，9:1-16，22:1-21）

3 患血漏的女人（利 15:1-15；太 9:18-32；可 5:25-34；路 8:43-48）

4 多馬（約 20:24-29）
1. 約翰福音 20 章 29 節。

5 猶大（太 26:14-16，27:3-5；可 14:10-11、17-21、43-46；路 22:3-6、47-48；約 6:70-71，13:2、21-27，17:12，18:1-3；徒 1:16）
1. 約翰福音 17 章 12 節。

6 彼得（太 16:13-20，26:69-75；可 14:27-31、66-72；路 22:54-62；約 21:15-17）
1. 約翰福音 21 章 17 節。

7 彼拉多（太 27:11-26；可 15:9-15；路 23:1-25；約 18:28-40，19:1-22）
1. 約翰福音 19 章 7 節。
2. 馬太福音 27 章 19 節。
3. 約翰福音 19 章 12 節。
4. 約翰福音 19 章 15 節。
5. 約翰福音 18 章 38 節。
6. 約翰福音 19 章 22 節。
7. 約翰福音 19 章 10 節。
8. 馬太福音 27 章 25 節。

8 抹大拉的馬利亞（路 10:38-42；約 11:17-32，12:1-8，20:1-18）
1. 約翰福音 11 章 5 節。

9 抹香膏的女人（太 26:6-13；可 14:3-9；路 7:36-50）
1. 哥林多後書 6 章 9-10 節。
2. 哥林多前書 1 章 21 節。
3. 哥林多前書 3 章 19-20 節。

10 使徒約翰（約 13:21-26，19:25-27，20:1-9，21:6-7、20-25）
1. 約翰福音 21 章 22 節。

11 格拉森一個被鬼附的人（可 5:1-20；路 8:26-39）

1. 路加福音 8 章 28 節。

12 亞拿尼亞與撒非喇（徒 5:1-11）

1. 見腓立比書 3 章 5 節。
2. 魯迅：〈答《戲》周刊編者信〉，《魯迅小說雜文散文全集》（湖南：廣西民族出版社，1995），頁 1620。

13 司提反（徒 6:5、8-15，7 章）

1. 使徒行傳 7 章 59-60 節。
2. 使徒行傳 7 章 54、57 節。

14 撒迦利亞（路 1:8-79）

1. 路加福音 1 章 18 節。

15 感恩的痲瘋病人（利 13 章；路 17:11-19）

16 馬利亞（路 2:25-35、41-51；約 2:1-11，19:25-27）

17 耶穌（太 4:1-11，26:36-46；可 14:32-42；路 22:39-46；來 2:17-18，4:15-16）

1. 約翰福音 14 章 12 節。